La TikTokisation de la société

Brahim HASSANI

Table des matières

3 La viralité sur TikTok   75

6 TikTok et la créativité   179

8   L'avenir de TikTok   237

Chapitre 1

L'essor de TikTok

Le premier chapitre de ce livre se penche sur l'incroyable phénomène de la **"tiktokisation de notre société moderne"** [1]. À travers une exploration détaillée de l'histoire de TikTok, nous décortiquons les mécanismes qui ont propulsé cette plateforme au cœur de la culture populaire mondiale. De la popularité croissante aux tendances virales, nous plongeons dans les éléments qui ont contribué à l'émergence de TikTok en tant que force culturelle incontournable, sans oublier un aperçu sur la psychologie de l'utilisation de TikTok.

1.1 L'histoire de TikTok

TikTok est une application de médias sociaux qui a connu une popularité fulgurante ces dernières années. Mais d'où vient

---

1. je me suis inspiré du terme employé par le sociologue américain George Ritzer dans son livre The **McDonaldization of Society** (1991) pour désigner la prise des caractéristiques de la restauration rapide par la société.

cette application et comment a-t-elle réussi à devenir un phénomène mondial ? Dans cette section, nous allons explorer l'histoire de TikTok, depuis ses débuts jusqu'à son ascension en tant que plateforme incontournable de la culture populaire[2]. TikTok a émergé de manière spectaculaire sur la scène des médias sociaux, et son histoire de création est intrinsèquement liée à ByteDance, une société technologique chinoise. Voici une expansion de cette période initiale cruciale de l'histoire de Tik-Tok :

En septembre 2016, ByteDance a lancé une application de médias sociaux appelée "Douyin" en Chine. À l'époque, l'application était conçue pour le marché chinois et portait le nom de Douyin, ce qui signifie littéralement "chansons vibrantes" en chinois. L'accent initial était donc mis sur le partage de vidéos musicales, et l'application a rapidement gagné en popularité auprès des utilisateurs chinois.

Cependant, reconnaissant le potentiel mondial de leur application, ByteDance a pris une décision stratégique en septembre 2017. La société a décidé de lancer une version internationale de Douyin, qu'elle a baptisée "TikTok". Ce changement de nom et de portée a marqué un tournant majeur pour l'application.

Avec le lancement de TikTok, ByteDance visait à étendre son influence au-delà des frontières chinoises et à s'implanter sur la scène mondiale des médias sociaux. L'application a été introduite sur les marchés internationaux, offrant aux utilisateurs du monde entier la possibilité de créer et de partager des

2. www.forbes.com/sites/zogblog/2020/04/01/how-tiktok-became-the-worlds-most-downloaded-app-within-three-years/?sh=1095277f31a6

vidéos courtes et engageantes.

Cette expansion internationale a été soutenue par une adaptation efficace de l'application aux préférences culturelles de chaque marché. TikTok a été traduit dans de nombreuses langues, ce qui a facilité son adoption par des utilisateurs de diverses régions du globe. La diversité des contenus partagés sur TikTok, combinée à sa convivialité et à sa créativité, a contribué à son succès mondial rapide.

En résumé, la transformation de Douyin en TikTok a été un catalyseur clé dans la montée en puissance de l'application sur la scène mondiale des médias sociaux. Ce changement de nom a marqué le début d'une aventure qui a propulsé TikTok au rang de phénomène culturel mondial, redéfinissant la manière dont les utilisateurs interagissent avec le contenu en ligne.

1.1.1   Popularité croissante

L'une des principales forces de TikTok réside dans sa remarquable capacité à s'adapter et à embrasser la diversité culturelle à l'échelle mondiale. Cette caractéristique est cruciale dans l'explication de la popularité croissante de l'application.

TikTok a adopté une approche stratégique dès ses débuts pour devenir une plateforme mondiale inclusive. L'une des premières étapes de cette stratégie a été la traduction de l'application dans de nombreuses langues. En rendant TikTok accessible à des utilisateurs du monde entier, indépendamment de leur langue maternelle, la plateforme a ouvert ses portes à une audience internationale diversifiée.

La traduction de l'interface utilisateur, des descriptions de vidéos et des fonctionnalités clés a permis à TikTok de franchir les barrières linguistiques, créant ainsi une expérience utilisateur fluide pour des personnes de cultures variées. Les utilisateurs peuvent naviguer, créer et partager du contenu dans leur langue préférée, renforçant ainsi le caractère inclusif de la plateforme.

Outre la traduction linguistique, TikTok a mis en œuvre une adaptation culturelle intelligente. Chaque région et pays a ses propres préférences, tendances et normes culturelles. Tik-Tok a su prendre en compte ces différences, permettant aux utilisateurs de voir du contenu qui correspond à leurs intérêts culturels spécifiques.

La capacité de TikTok à embrasser la diversité culturelle se reflète également dans la variété de contenus disponibles sur la plateforme. Des danses traditionnelles aux défis humoristiques en passant par les tendances musicales locales, TikTok encourage la création de contenus reflétant la richesse et la diversité des cultures du monde entier.

En adaptant son contenu pour répondre aux goûts et aux préférences spécifiques de chaque marché, TikTok a réussi à transcender les frontières géographiques. Cette stratégie a créé une communauté mondiale d'utilisateurs, contribuant ainsi à l'expansion rapide de TikTok et à sa popularité mondiale.

En conclusion, la capacité de TikTok à s'adapter aux différentes langues, cultures et préférences des utilisateurs a été un pilier essentiel de sa montée en popularité. Cette approche a permis à TikTok de devenir une plateforme véritablement mondiale, attirant une audience diversifiée et contribuant ainsi à son statut de phénomène mondial des médias sociaux.

1.1.2 Acquisition de Musical.ly

En novembre 2017, ByteDance, la société mère de TikTok, a réalisé une acquisition stratégique en obtenant Musical.ly, une application de partage de vidéos musicales particulièrement populaire, surtout aux États-Unis. Cette acquisition a été un moment clé dans l'histoire de TikTok, apportant des avantages significatifs à la plateforme.

Musical.ly était déjà bien établi dans le paysage des médias sociaux, notamment auprès des jeunes utilisateurs qui se sont rapidement approprié l'application pour créer et partager des vidéos musicales créatives. En fusionnant Musical.ly avec TikTok, ByteDance a consolidé deux communautés d'utilisateurs dynamiques sous une seule entité, créant ainsi une force combinée qui a propulsé TikTok vers de nouveaux sommets de popularité.

L'intégration de Musical.ly a apporté à TikTok un réservoir de créateurs de contenu talentueux et une base d'utilisateurs déjà engagée. Les utilisateurs de Musical.ly ont été invités à migrer vers TikTok, élargissant ainsi la base d'utilisateurs de cette dernière de manière significative. Cela a eu un impact particulièrement marqué aux États-Unis, où Musical.ly avait déjà une forte présence.

L'expertise acquise de Musical.ly a également influencé le développement de TikTok en renforçant son positionnement dans le domaine de la musique et du divertissement. Les fonctionnalités de lip-syncing (playback synchronisé avec la voix d'un artiste) qui étaient déjà populaires sur Musical.ly ont été intégrées à TikTok, contribuant à façonner l'identité unique de la plateforme.

L'acquisition de Musical.ly a également donné à TikTok [3] une notoriété accrue sur la scène mondiale des médias sociaux. L'application fusionnée a continué à exploiter les éléments qui ont fait le succès de Musical.ly, tout en introduisant de nouvelles fonctionnalités et tendances pour rester à la pointe de l'innovation.

1.1.3 Tendances sur TikTok

TikTok s'est démarqué en mettant l'accent sur la créativité et les tendances virales, créant ainsi une communauté dynamique où les utilisateurs peuvent librement exprimer leur originalité. L'une des forces motrices de cette créativité est l'incitation constante des utilisateurs à produire du contenu unique et divertissant. La plateforme encourage la diversité des talents, des compétences et des idées, permettant à chacun de devenir un créateur.

Les utilisateurs de TikTok sont incités à créer des vidéos courtes qui mettent en valeur leur personnalité, leurs talents et leur humour. Cette approche non seulement donne une plateforme à une variété d'individus créatifs, mais elle favorise également une culture de célébration de la diversité. Les utilisateurs ont la liberté de s'exprimer de manière authentique, contribuant ainsi à la richesse et à la vitalité de la communauté TikTok.

---

3. Pour plus de statistiques : https ://www.omnicoreagency.com/tiktok-statistics/

Un aspect distinctif de TikTok est la facilité avec laquelle les tendances virales se propagent. Les défis, les danses et les concepts créatifs se répandent rapidement à travers la plate-forme, incitant de nombreux utilisateurs à participer. Cette nature virale encourage l'interaction et l'engagement, renforçant le sentiment de communauté parmi les utilisateurs de TikTok.

Les fonctionnalités de montage avancées de TikTok sont également des éléments essentiels de sa popularité. La plate-forme offre une variété d'effets spéciaux, de filtres et d'outils de montage qui permettent aux utilisateurs de personnaliser leurs vidéos de manière unique. Cette accessibilité aux outils de création a abaissé les barrières pour la production de contenu de haute qualité, offrant à tous la possibilité de créer des vidéos professionnelles.

De plus, TikTok a su rester à la pointe de l'innovation en introduisant régulièrement de nouveaux effets spéciaux et des fonctionnalités de montage créatives. Cela maintient l'intérêt des utilisateurs et stimule constamment la créativité au sein de la communauté.

1.1.4   Attraction des Célébrités

L'influence des célébrités et des influenceurs sur TikTok a joué un rôle essentiel dans l'élargissement de l'audience de la plateforme et dans sa légitimation en tant que canal de divertissement majeur. L'arrivée de nombreuses célébrités sur TikTok a apporté une visibilité instantanée à la plateforme. Des artistes renommés, des acteurs, des musiciens et d'autres personnalités publiques ont rejoint TikTok pour partager des moments exclusifs de leur vie quotidienne, des coulisses de leurs projets artistiques et même des contenus humoristiques. La présence de ces célébrités a attiré l'attention des médias traditionnels, élargissant ainsi la portée de TikTok au-delà de sa base d'utilisateurs initiale.

TikTok offre aux célébrités une plateforme unique pour interagir directement avec leurs fans. Les vidéos courtes et décontractées permettent aux célébrités de montrer leur côté authentique, de partager des moments spontanés et de créer une connexion plus personnelle avec leur public. Cette interaction directe renforce l'engagement des fans et offre une expérience plus intime par rapport à d'autres plateformes de médias sociaux.

La participation des célébrités sur TikTok a souvent conduit à l'amplification de certains contenus spécifiques. Des défis lancés par des célébrités ou des tendances initiées par elles peuvent devenir virales, attirant ainsi l'attention d'un public plus large. Cette dynamique contribue à la création de communautés en ligne autour des célébrités, renforçant la notoriété de la plateforme.

La présence active de célébrités[4] sur TikTok a contribué à légitimer la plateforme en tant que canal de divertissement légitime. Les contenus de qualité produits par des célébrités ajoutent une couche de crédibilité à TikTok en tant que lieu où l'on peut trouver du divertissement de qualité, au-delà des contenus générés par les utilisateurs ordinaires. Cette légiti-

---

4. www.forbes.fr/classements/classement-exclusif-les-stars-de-tiktok-les-mieux-payees-en-2022/

mation a également encouragé d'autres créateurs de contenu, même non célèbres, à contribuer à la diversité du contenu sur TikTok.

L'engagement des célébrités[5] sur TikTok a également un effet de rayonnement sur d'autres plateformes de médias sociaux. Les vidéos TikTok partagées par des célébrités peuvent être repartagées sur d'autres réseaux sociaux, augmentant ainsi la visibilité de TikTok en tant que source de contenu divertissant.

En 2022, la chanteuse américaine Charli XCX a partagé une vidéo TikTok dans laquelle elle dansait sur sa chanson "Vroom Vroom". La vidéo a été vue plus de 100 millions de fois sur TikTok et a été repartagée sur Twitter, Instagram et Facebook. Cette vidéo a contribué à faire connaître TikTok à un public plus large et a contribué à la popularité de la chanson "Vroom Vroom".

En conclusion, l'influence des célébrités et des influenceurs sur TikTok a été un facteur clé dans la croissance et la légitimation de la plateforme. Cette présence a élargi l'audience, renforcé l'engagement des utilisateurs et contribué à faire de TikTok bien plus qu'une simple application de médias sociaux, mais plutôt une plateforme incontournable dans le paysage du divertissement en ligne.

1.1.5   Expansion mondiale

TikTok a réussi à capturer l'attention du marché indien de manière significative. En Inde, avant son interdiction, l'ap-

---

5. Parmi ces célébrités, on y trouve Will Smith avec 64.7 millions d'abonnés.

plication était devenue extrêmement populaire, attirant des millions d'utilisateurs de différentes régions et milieux socio-économiques. La nature divertissante et accessible de TikTok a particulièrement résonné avec la diversité culturelle de l'Inde, faisant de l'application une plateforme de choix pour l'expression créative et le partage de contenus variés.

TikTok a également étendu son empreinte en Europe, s'adaptant aux cultures et aux langues spécifiques de chaque pays. Les créateurs de contenu européens ont contribué à diversifier le contenu sur la plateforme, en proposant des vidéos qui reflètent les tendances, la comédie et les subtilités culturelles propres à chaque région européenne.

L'Amérique latine a également été un marché stratégique pour TikTok. La plateforme a réussi à attirer une large base d'utilisateurs en Amérique latine en offrant une plateforme où la créativité, la danse et les défis sont célébrés. Les tendances culturelles spécifiques à cette région ont été intégrées dans le contenu, renforçant ainsi l'attrait de TikTok auprès des utilisateurs latino-américains.

TikTok a mis en œuvre des stratégies d'expansion spécifiques pour chaque marché. Cela inclut la localisation du contenu, la traduction dans différentes langues, et la compréhension des préférences culturelles. Ces efforts ont contribué à créer une expérience utilisateur plus personnalisée, renforçant ainsi la connexion entre TikTok et ses utilisateurs dans chaque nouveau marché.

En s'étendant avec succès dans ces nouveaux marchés, Tik-Tok a consolidé sa position en tant que plateforme mondiale. Le succès continu de TikTok dans des régions culturellement diverses témoigne de sa capacité à transcender les frontières et à devenir une plateforme universelle de création et de partage de contenu.

1.1.6 Conclusion

TikTok a redéfini la manière dont la créativité est exprimée et partagée en ligne. En mettant l'accent sur des vidéos courtes et captivantes, la plateforme a encouragé les utilisateurs du monde entier à exploiter leur créativité de manière innovante. Les tendances virales, qu'il s'agisse de danses, de défis ou de mèmes, ont créé une culture participative où les utilisateurs peuvent contribuer et être inspirés.

L'expansion de TikTok au-delà de ses origines chinoises a été un catalyseur majeur de son succès. En lançant une version internationale et en adaptant son contenu aux divers marchés, TikTok a créé une communauté mondiale. Cette stratégie a contribué à son adoption massive dans diverses cultures, faisant de TikTok une plateforme universelle.

L'acquisition de Musical.ly a été une étape clé dans l'évolution de TikTok. Elle a apporté une base d'utilisateurs existante et a permis à TikTok de consolider sa présence, en particulier sur le marché américain. La fusion des deux plateformes a enrichi le contenu disponible sur TikTok, élargissant ainsi son attrait.

L'engagement des célébrités et des influenceurs sur TikTok a contribué à légitimer la plateforme en tant que canal de divertissement majeur. La présence de personnalités publiques a attiré une audience plus large et a démontré que TikTok était une plateforme où même les acteurs renommés pouvaient partager du contenu authentique et engageant.

TikTok a transformé la façon dont nous créons, partageons et consommons du contenu en ligne. Les utilisateurs sont devenus des créateurs actifs, et la consommation de contenu est devenue une expérience interactive. La plateforme a introduit de nouveaux formats de contenu qui ont influencé d'autres réseaux sociaux et applications.

En fin de compte, TikTok a laissé une empreinte significative sur la culture populaire. Ses effets ont été ressentis dans la musique, la danse, la mode, et même les discours sociaux. En redéfinissant la créativité en ligne et en offrant une plateforme inclusive, TikTok a capturé l'imagination du monde entier.

1.2   Psychologie de l'Utilisation de Tik-Tok

Certes, TikTok a émergé comme une plateforme de médias sociaux incontournable, captivant l'attention d'un large public à travers le monde. L'engouement pour TikTok soulève des questions fondamentales sur la psychologie qui sous-tend son utilisation.

Avant d'explorer en profondeur les motivations et les implications psychologiques de l'utilisation de TikTok, il est crucial de comprendre l'importance de l'analyse psychologique des médias sociaux dans notre société contemporaine.

1.2.1   Design Immersif de la Plateforme

Le point de vue de Montag et Hegelich [6] met en lumière
le design immersif de TikTok, conçu pour captiver l'attention
des utilisateurs aussi longtemps que possible. Nous examinerons comment ce design contribue à la collecte d'informations
psychologiques par les entreprises de médias sociaux.

Le design immersif de TikTok repose sur plusieurs éléments
clés. Tout d'abord, l'interface de l'application est conçue de
manière à être intuitive et facile à naviguer, favorisant ainsi
une expérience utilisateur fluide. Les fonctionnalités telles que
le défilement infini de vidéos sur la page "For You", la recommandation de contenu personnalisé basée sur les préférences
de l'utilisateur, et les formats de vidéos courts favorisent une
interaction continue [7] et addictive.

Cette immersion constante dans l'écosystème de TikTok
offre aux entreprises de médias sociaux une opportunité précieuse de collecter des données psychologiques. À mesure que
les utilisateurs interagissent avec le contenu, TikTok recueille
des informations sur leurs préférences, centres d'intérêt, comportements de consommation, et même leurs réactions émotionnelles. Ces données sont essentielles pour élaborer des profils d'utilisateurs détaillés, permettant aux entreprises de cibler de manière plus précise les publicités et le contenu recommandé.

Le design immersif contribue également à la rétention d'attention en exploitant des mécanismes psychologiques tels que
la récompense instantanée. Les fonctionnalités telles que les

---

6. [6]
7. [5]

"Likes" et les commentaires créent un système de gratification instantanée qui encourage les utilisateurs à rester actifs sur la plateforme pour recevoir davantage de validation sociale.

Cependant, il est important de noter que cette immersion constante peut également entraîner des conséquences négatives, notamment le risque de surutilisation et de dépendance à l'égard de la plateforme. Le design immersif de TikTok peut contribuer à ce que certains considèrent comme un comportement addictif, bien que davantage de recherches soient nécessaires pour comprendre pleinement ces aspects.

1.2.2   Théorie de l'Usage et de la Gratification

L'approche de la théorie de l'usage et de la gratification[8] offre une perspective analytique précieuse pour comprendre les motivations profondes qui sous-tendent l'utilisation de Tik-Tok par les utilisateurs. Cette théorie suggère que les individus choisissent de s'engager dans des médias particuliers en fonction de leurs besoins personnels, et que l'utilisation de ces médias peut procurer une gratification en répondant à ces besoins spécifiques.

La théorie de l'usage et de la gratification repose sur l'idée que les individus sont des acteurs actifs dans leur consommation médiatique. Plutôt que d'être de simples récepteurs passifs, ils sélectionnent des médias spécifiques pour satisfaire des besoins particuliers. En appliquant cette théorie à TikTok, nous pouvons identifier différentes motivations qui incitent les

---

8. [1]

utilisateurs à s'engager avec la plateforme.

Les études de Bucknell Bossen et Kottasz[9] ont mis en lumière l'importance des besoins de divertissement et affectifs dans l'utilisation de TikTok[10]. Les utilisateurs peuvent être motivés par le désir de se divertir, de trouver du plaisir, et même d'échapper momentanément au stress quotidien. Les vidéos créatives, humoristiques et parfois émotionnelles présentes sur TikTok répondent à ces besoins, offrant une expérience divertissante et affective qui attire et fidélise les utilisateurs.

Les recherches de Omar et Dequan[11] soulignent également un autre aspect crucial des motivations des utilisateurs de TikTok, à savoir les besoins d'auto-expression. TikTok offre une plateforme où les utilisateurs peuvent créer, personnaliser et partager du contenu reflétant leur personnalité, créativité et points de vue. L'acte de créer des vidéos permet aux utilisateurs de se définir et de s'exprimer d'une manière unique, favorisant ainsi un sentiment d'accomplissement et d'identité.

En comprenant ces motivations, les concepteurs de TikTok peuvent adapter la plateforme pour maximiser la satisfaction des besoins des utilisateurs. Des algorithmes de recommandation personnalisés peuvent être développés pour favoriser la découverte de contenu qui correspond aux préférences individuelles, augmentant ainsi la gratification ressentie par les utilisateurs.

Cependant, l'utilisation de TikTok n'est pas sans défis.

---

9. https ://www.emerald.com/insight/content/dci/10.1108/YC-07-2020-1186/full/html
10. [2]
11. [7]

L'exploration excessive de divertissements en ligne peut parfois conduire à une utilisation problématique ou addictive. Cela soulève des questions éthiques et souligne l'importance de trouver un équilibre entre la maximisation de la gratification des utilisateurs et la protection de leur bien-être.

1.2.3 Théorie de l'Impact Social et Théorie de l'Autodétermination

Lorsque nous explorons la Théorie de l'Impact Social de Latané [12] et la Théorie de l'Autodétermination de Ryan et Deci [13] dans le contexte de TikTok, nous plongeons dans des perspectives psychologiques qui mettent en lumière les dynamiques sociales et les motivations profondes des utilisateurs.

La Théorie de l'Impact Social de Latané s'intéresse aux influences sociales et à la manière dont les individus sont affectés par les actions et opinions d'autrui. Appliquée à TikTok, cette théorie suggère que les utilisateurs peuvent être fortement influencés par le comportement et les réactions de leurs pairs. Par exemple, les "challenges" et les tendances sur TikTok illustrent comment un individu peut être motivé à participer afin de s'intégrer socialement ou de répondre aux attentes de la communauté.

Les notions de force, d'immédiateté et de nombre, qui sont les éléments clés de la théorie de Latané, peuvent être observées sur TikTok. La force de l'impact social peut être liée à la popularité d'un défi particulier, l'immédiateté se manifeste

---

12. [3]
13. [8]

à travers les réactions instantanées aux vidéos, et le nombre reflète la quantité d'utilisateurs engagés dans une tendance spécifique. Ainsi, TikTok crée un environnement où les dynamiques sociales jouent un rôle central dans la participation et l'engagement des utilisateurs.

La Théorie de l'Autodétermination se concentre sur les motivations intrinsèques et extrinsèques qui guident le comportement humain. Sur TikTok, cela peut être interprété comme la manière dont les utilisateurs sont motivés à participer activement en fonction de leurs propres besoins psychologiques fondamentaux tels que la compétence, l'autonomie et la connexion sociale.

Les vidéos sur TikTok peuvent fournir un espace où les utilisateurs se sentent compétents, en réussissant à créer du contenu créatif et expressif. L'autonomie est encouragée par la possibilité de personnaliser les vidéos et de participer à des tendances de manière unique. La connexion sociale est renforcée par les interactions directes telles que les commentaires, les duos, et le sentiment d'appartenance à une communauté virtuelle.

En combinant ces théories, TikTok devient un terrain d'étude fascinant où les utilisateurs sont motivés à participer en raison de pressions sociales, mais également parce que l'expérience sur la plateforme répond à des besoins psychologiques fondamentaux. Les utilisateurs peuvent être guidés par un désir d'appartenance sociale tout en cherchant à satisfaire des besoins intrinsèques tels que l'expression de soi et la compétence.

Cependant, il est important de noter que les conséquences de ces dynamiques sociales peuvent varier. L'influence sociale peut être positive, renforçant le sentiment d'appartenance, mais elle peut également présenter des risques, comme la pression pour suivre des tendances potentiellement inappropriées.

1.3   Les fonctionnalités de TikTok

TikTok est une application de médias sociaux qui a connu une popularité fulgurante ces dernières années. Avec plus de 2 milliards de téléchargements dans le monde, TikTok est devenu un phénomène mondial. Mais qu'est-ce qui rend cette application si attrayante pour les utilisateurs ? Dans cette section, nous explorerons les fonctionnalités clés de TikTok qui ont contribué à son succès.

1.3.1   Interface conviviale

L'une des principales raisons du succès de TikTok est son interface conviviale et intuitive. L'interface conviviale de TikTok a joué un rôle crucial dans son succès fulgurant.

Dès l'ouverture de l'application, les utilisateurs sont accueillis par une interface simple et facile à comprendre. La navigation est intuitive, permettant aux utilisateurs de se familiariser rapidement avec les fonctionnalités de base.

La page d'accueil met en avant des vidéos populaires, offrant aux utilisateurs un accès immédiat au contenu attractif. La fonction de défilement infini encourage l'exploration continue, garantissant une expérience fluide sans obstacles.

Les vidéos sont présentées en plein écran dès qu'elles sont sélectionnées, offrant une immersion totale dans le contenu.

De plus, la lecture automatique au défilement élimine toute friction, permettant aux utilisateurs de découvrir une variété de vidéos sans effort.

L'interface utilise un algorithme de recommandation puissant qui analyse le comportement de l'utilisateur et s'adapte en conséquence. Les vidéos recommandées sont soigneusement sélectionnées en fonction des préférences de l'utilisateur, garantissant une expérience personnalisée.

L'interface facilite également la création de contenu. Les outils de montage intuitifs, les filtres créatifs et les effets spéciaux sont facilement accessibles, encourageant les utilisateurs à exprimer leur créativité de manière ludique.

Les fonctionnalités telles que les commentaires, les "j'aime" et le partage sont intégrées de manière transparente, favorisant l'interaction entre les utilisateurs. Cette interactivité contribue à la construction d'une communauté dynamique.

TikTok a réussi à adapter son interface aux différentes cultures, en intégrant des tendances locales et des créateurs de contenu spécifiques à chaque région. Cela renforce son attrait mondial.

1.3.2 Filtres et autres

Les effets spéciaux et les filtres sont des éléments clés qui distinguent TikTok des autres plateformes de médias sociaux.

TikTok offre une variété d'effets spéciaux, allant des filtres de beauté classiques aux effets plus avancés tels que le ralenti, la superposition d'images et les effets de réalité augmentée. Cette diversité permet aux utilisateurs d'explorer différentes facettes de la créativité, enrichissant ainsi la qualité et la variété du contenu.

Les filtres ne se limitent pas à embellir les vidéos, mais offrent également des moyens uniques de personnaliser le contenu. Les utilisateurs peuvent choisir parmi une multitude d'effets pour exprimer leur style personnel, créant ainsi des vidéos distinctives et mémorables.

Certains filtres et effets spéciaux deviennent des tendances virales, incitant de nombreux utilisateurs à les essayer et à participer aux défis associés. Cela crée un engouement massif autour de certaines fonctionnalités, propageant rapidement des contenus spécifiques à travers la plateforme.

L'interface conviviale de TikTok rend l'utilisation des effets spéciaux et des filtres accessible à tous les utilisateurs, même à ceux qui ne sont pas familiers avec le montage vidéo avancé. Cette accessibilité favorise la participation de l'ensemble de la communauté.

TikTok continue d'introduire de nouveaux effets spéciaux et filtres régulièrement, maintenant ainsi l'intérêt des utilisateurs. Cette stratégie d'innovation constante maintient la plateforme à la pointe des tendances créatives.

Certains filtres sont spécifiquement conçus pour s'aligner avec des événements culturels, des fêtes ou des célébrations, permettant aux utilisateurs de participer activement à des moments pertinents.

1.3.3 Montage vidéo

Les outils de montage vidéo de TikTok sont un aspect crucial de son attrait et de son accessibilité. Les fonctionnalités de montage simples mais puissantes offertes par l'application permettent aux utilisateurs de donner vie à leur créativité de manière sans précédent.

Découpage, Recadrage et Fusion de Clips Vidéo :

Les utilisateurs peuvent découper les parties non désirées de leurs vidéos, assurant ainsi que seuls les moments pertinents sont partagés. Le recadrage permet de mettre l'accent sur des éléments spécifiques de la vidéo, offrant une personnalisation supplémentaire. La fusion de clips vidéo permet de créer des montages fluides et cohérents.

Ajout de Musique, d'Effets Sonores et de Sous-Titres :

L'ajout de musique joue un rôle essentiel dans la création d'ambiance et de tonalité pour la vidéo. Les effets sonores peuvent être utilisés pour renforcer des moments spécifiques ou ajouter une dimension supplémentaire à la narration. L'incorporation de sous-titres facilite la compréhension du contenu, en particulier dans un contexte mondial où les langues peuvent varier.

Accessibilité Universelle :

L'aspect clé de ces outils est leur convivialité, les rendant accessibles à tous les utilisateurs, même ceux qui n'ont pas d'expérience préalable en montage vidéo. Cette accessibilité démocratise la création de contenu professionnel, éliminant la barrière des compétences techniques avancées. En intégrant ces outils de manière transparente dans son interface, TikTok a réussi à créer une plateforme où la créativité peut s'exprimer facilement, élargissant ainsi son attrait à un large éventail d'utilisateurs.

1.3.4 Fonctionnalité "Duo"

La fonctionnalité "Duo" de TikTok apporte une dimension sociale et interactive unique à la plateforme, favorisant l'engagement et la viralité des contenus.

Collaboration Créative :

La fonction "Duo" permet aux utilisateurs de répondre à une vidéo existante en enregistrant la leur à côté. Cela encourage la collaboration créative, car les utilisateurs peuvent réagir, répondre ou même créer des performances synchronisées avec d'autres créateurs.

Interactivité et Engouement :

L'interaction en duo crée un lien direct entre les créateurs et leurs audiences, renforçant le sentiment de communauté sur la plateforme. Les duos sont souvent partagés et commentés, générant ainsi une augmentation de l'engagement et de la visibilité pour les créateurs impliqués.

Effet Viral et Tendances :

Les duos sont un moyen puissant de participer aux tendances virales. Les utilisateurs peuvent s'associer à des vidéos populaires pour capitaliser sur leur visibilité et leur popularité. Les duos créatifs peuvent rapidement devenir viraux, alimentant ainsi la dynamique des tendances sur TikTok.

Communauté Active :

La fonction "Duo" contribue à créer une communauté active et dynamique où les utilisateurs interagissent les uns avec les autres de manière directe et créative. Les créateurs peuvent recevoir des réponses en duo, des défis ou des collaborations, renforçant ainsi les liens au sein de la communauté TikTok. En somme, la fonctionnalité "Duo" joue un rôle clé dans la construction d'une communauté interactive et engageante sur TikTok, où la créativité est encouragée, partagée et célébrée à travers des interactions directes entre les utilisateurs.

1.3.5 Fonctionnalité "For You"

La fonctionnalité **"For You"** de TikTok repose sur un algorithme sophistiqué qui joue un rôle central dans l'expérience utilisateur de la plateforme.

Personnalisation du Contenu :

L'algorithme "For You" analyse en temps réel le comportement de visionnage de l'utilisateur, y compris les vidéos qu'il aime, partage et commente. En se basant sur ces données, l'algorithme offre des recommandations personnalisées, créant ainsi une expérience de visionnage unique pour chaque utilisateur.

Découverte de Contenu Nouveau :

La fonction "For You" ne se limite pas aux personnes que vous suivez. Elle expose les utilisateurs à une variété de contenus provenant de créateurs du monde entier, permettant ainsi une découverte constante de nouvelles tendances, talents et sujets.

Adaptation en Temps Réel :

L'algorithme évolue en temps réel en fonction des changements dans le comportement de l'utilisateur. Si vos préférences de visionnage évoluent, "For You" ajuste ses recommandations en conséquence.

Engagement et Interactivité :

La fonctionnalité "For You" favorise l'engagement en encourageant les utilisateurs à explorer et interagir avec une diversité de contenus. Les utilisateurs peuvent être exposés à des défis, des tendances virales et des créateurs qu'ils n'auraient peut-être pas découverts autrement.

Optimisation de l'Expérience Utilisateur :

TikTok cherche à maintenir une expérience utilisateur positive en ajustant constamment son algorithme pour éviter les contenus indésirables et favoriser ceux qui suscitent l'engagement et l'appréciation. En résumé, la fonction "For You" de TikTok contribue de manière significative à la diversité du contenu, à la découverte de nouvelles tendances et à la personnalisation de l'expérience de visionnage, créant ainsi une plateforme dynamique et adaptative pour ses utilisateurs.

1.3.6 Défis et tendances

Les défis et les tendances jouent un rôle essentiel dans l'engagement des utilisateurs sur TikTok, créant une dynamique communautaire unique.

Interaction Communautaire :

Les défis sur TikTok rassemblent les utilisateurs autour de thèmes spécifiques, encourageant l'interaction et la participation. Les hashtags dédiés à chaque défi permettent aux utilisateurs de rechercher et de découvrir facilement les vidéos liées, renforçant ainsi le sentiment de communauté.

Créativité et Expressivité :

Les défis offrent aux utilisateurs une plateforme pour exprimer leur créativité. Chaque défi peut avoir ses propres règles et directives, incitant les participants à trouver des moyens uniques d'aborder le thème.

Diversité des Tendances :

Les tendances sur TikTok peuvent être variées, couvrant des domaines tels que la danse, la comédie, les talents artistiques, les conseils, etc. La diversité des tendances assure que chacun peut trouver quelque chose qui correspond à ses intérêts, élargissant ainsi l'attrait de la plateforme.

Viralité et Partage :

Les défis et les tendances qui captent l'attention peuvent devenir viraux, atteignant un large public en peu de temps. La nature virale incite les utilisateurs à partager leurs propres interprétations des défis, contribuant ainsi à la propagation rapide des tendances.

Fierté de la Communauté :

Participer à un défi réussi ou contribuer à une tendance populaire peut susciter un sentiment de fierté et d'appartenance à la communauté TikTok. Les créateurs et les participants sont souvent reconnus et encouragés par leurs pairs, renforçant ainsi les liens au sein de la plateforme.

Influence sur la Culture Populaire :

Certains défis et tendances sur TikTok ont transcendé la plateforme pour influencer la culture populaire plus large. Des chansons, des chorégraphies et des mèmes créés sur TikTok ont souvent trouvé leur place dans d'autres médias.

En conclusion, TikTok offre une gamme de fonctionnalités attrayantes qui ont contribué à son succès mondial. Son interface conviviale, ses effets spéciaux et ses filtres, ses outils de montage vidéo, sa fonctionnalité "Duo", sa fonctionnalité "For You" et ses défis et tendances virales ont tous joué un rôle dans l'attrait de TikTok pour les utilisateurs.

Ces fonctionnalités permettent aux utilisateurs de créer et de partager du contenu créatif, de s'engager avec d'autres utilisateurs et de découvrir de nouvelles vidéos qui correspondent à leurs intérêts. TikTok a révolutionné la façon dont nous consommons et créons du contenu vidéo, et son impact sur la culture populaire continue de croître.

1.4   TikTok et la culture populaire

TikTok est devenu une véritable révolution dans le monde des réseaux sociaux. Avec son format de vidéos courtes et sa popularité croissante, il a réussi à influencer la culture populaire de manière significative. Cette plateforme a permis à de nombreux utilisateurs de s'exprimer, de partager leur créativité et de devenir des influenceurs à part entière. Dans cette section, nous allons explorer l'influence de TikTok sur la culture populaire et comment elle a transformé notre société.

1.4.1   Emergence de nouvelles tendances

L'émergence de nouvelles tendances sur TikTok a marqué un changement significatif dans la culture populaire, et plusieurs aspects méritent d'être développés :

Création d'un Langage Visuel Unique :

TikTok a introduit un langage visuel distinct, caractérisé par des formats de vidéos courts et des tendances créatives. Des éléments tels que les danses synchronisées qui sont des tendances populaires sur TikTok. Ces vidéos montrent des groupes d'utilisateurs qui se synchronisent sur une chanson populaire.

les défis de lip-sync montrent des utilisateurs qui reproduisent les paroles d'une chanson populaire et les sketches comiques sont devenus des éléments clés de ce langage visuel.

Viralité et Adoption Rapide :

Les tendances sur TikTok ont la particularité de devenir virales rapidement, se propageant à travers la plateforme et au-delà. L'aspect court des vidéos favorise la facilité de partage, contribuant à l'adoption rapide des tendances par un large public.

Impact sur l'Industrie Musicale :

TikTok a émergé comme une force influente dans l'industrie musicale, propulsant des chansons vers le succès grâce à leur popularité sur la plateforme. Des artistes ont connu une visibilité mondiale et des pics de popularité après que leurs chansons aient été utilisées dans des tendances TikTok. Par exemple, la chanson **"Old Town Road"** de Lil Nas X a été lancée sur TikTok en 2019. La chanson a rapidement gagné en popularité sur la plateforme, et elle est finalement devenue la chanson la plus écoutée de l'année aux États-Unis.

Redéfinition de la Découverte Musicale :

La plateforme a redéfini la manière dont la musique est découverte, avec des utilisateurs créant des vidéos basées sur des chansons qu'ils aiment, introduisant ainsi de nouvelles pistes à un public plus large. Les classements musicaux ont été influencés par la viralité des chansons sur TikTok, démontrant l'impact significatif de la plateforme sur l'industrie.

Influence Culturelle Globale :

Les tendances TikTok ont transcendé les frontières, devenant des phénomènes mondiaux qui reflètent les goûts et les préférences partagés à l'échelle internationale. Des challenges et des danses spécifiques sont souvent repris dans différentes cultures, créant une connexion mondiale à travers la plateforme.

Démocratisation de la Créativité :

TikTok a démocratisé la créativité en permettant à chacun de participer à la création de tendances. Les utilisateurs peuvent contribuer à façonner la culture populaire avec leurs propres créations.

1.4.2 Démocratisation de la créativité

TikTok a démocratisé la créativité en rendant possible la création de vidéos de haute qualité sans avoir besoin de compétences techniques avancées. La plateforme offre une variété d'outils et de fonctionnalités qui permettent aux utilisateurs de créer des vidéos originales et attrayantes.

La démocratisation de la créativité de TikTok a permis à de nombreux talents cachés d'émerger et de se faire connaître. La plateforme a donné à des personnes de tous âges, de tous horizons et de toutes compétences la possibilité de partager leur créativité avec le monde.

Voici quelques exemples de personnes qui ont utilisé Tik-Tok pour partager leur créativité :

Lexi Hamilton est une jeune femme de 19 ans qui est devenue célèbre sur TikTok pour ses vidéos de danse. Elle a été nominée pour un prix aux American Music Awards en 2022.

Avani Gregg est une adolescente qui est devenue célèbre sur TikTok pour ses vidéos de comédie et de mode. Elle a plus de 60 millions d'abonnés sur la plateforme.

PewDiePie est un YouTuber suédois qui est l'un des créateurs de contenu les plus populaires au monde. Il a commencé à utiliser TikTok en 2022 et a rapidement gagné un public important sur la plateforme.

la démocratisation de la créativité sur TikTok a changé la manière dont les individus interagissent avec la création de contenu en ligne, en plaçant l'accent sur l'inclusivité, l'accessibilité et l'expression personnelle.

1.4.3 Iinfluence sur les comportements et les modes de vie

TikTok, en tant que plateforme influente, a considérablement modifié les comportements et les modes de vie des utilisateurs. Les tendances virales ont un effet d'entraînement, conduisant à l'adoption de nouveaux comportements et à l'expérimentation de nouvelles expériences. Par exemple, les défis de danse ont encouragé un grand nombre d'individus à se lancer dans la danse, démocratisant ainsi cette forme d'expression artistique. De même, des défis de cuisine ont inspiré les utilisateurs à explorer de nouvelles recettes, créant une communauté virtuelle axée sur la gastronomie.

Influence sur les Tendances de Consommation :

TikTok a également exercé une influence significative sur les tendances de consommation. Les utilisateurs partagent fréquemment des recommandations de produits, de vêtements ou de destinations, transformant la plateforme en un espace de découverte et d'inspiration. Les décisions d'achat des utilisateurs sont directement impactées par ces partages, créant un nouveau paradigme dans le domaine du commerce en ligne.

Marketing et Collaboration avec les Marques :

Les marques ont rapidement saisi l'importance de TikTok en tant qu'outil de marketing. La plateforme offre un espace créatif pour la promotion de produits, et les collaborations avec des influenceurs sont devenues monnaie courante. Les utilisateurs sont exposés à des contenus de marque de manière organique, renforçant ainsi la relation entre les consommateurs et les entreprises.

Évolution des Tendances Culturelles :

En jouant un rôle central dans la diffusion de tendances, TikTok a contribué à l'évolution rapide des tendances culturelles. Les défis, les danses et les modes créés sur la plateforme ont un impact direct sur la culture populaire, reflétant la capacité de TikTok à façonner les normes et les comportements sociaux.

En conclusion, TikTok a non seulement révolutionné la création de contenu, mais a également profondément influencé la manière dont les individus vivent, consomment et interagissent avec la culture contemporaine. Son impact s'étend au-delà du numérique, laissant une empreinte durable sur les comportements et les tendances de la société.

1.4.4   Défis sociaux et enjeux de société

TikTok a émergé comme une plateforme où les utilisateurs peuvent aborder des défis sociaux et participer à des débats sur des enjeux de société. La capacité de la plateforme à générer des discussions a permis de sensibiliser à des problèmes cruciaux tels que le racisme, le sexisme, l'injustice sociale, et d'autres questions sociétales importantes. Des hashtags spécifiques ont été créés pour encourager les discussions et mobiliser la communauté autour de ces enjeux.

Cependant, Une critique courante sur TikTok concerne sa propension à amplifier et perpétuer des stéréotypes, en particulier ceux liés à l'apparence physique, à l'identité de genre et à d'autres caractéristiques personnelles. Certains contenus sur la plateforme peuvent renforcer des normes de beauté irréalistes, favoriser des attentes basées sur les genres, ou même promouvoir des préjugés culturels.

Par exemple, des défis de beauté ou de mode peuvent parfois renforcer des standards esthétiques étroits, laissant peu de place à la diversité. De plus, certaines tendances et challenges peuvent involontairement perpétuer des stéréotypes de genre, influençant la façon dont les utilisateurs perçoivent les rôles et les comportements attendus en fonction du genre.

Cette critique souligne l'importance de la sensibilisation et de la responsabilité lors de la création et de la consommation de contenu sur TikTok, ainsi que la nécessité d'une réflexion critique sur la manière dont les stéréotypes sont présentés et perçus au sein de la communauté TikTok.

Les défis sociaux mettent en lumière la dualité de TikTok en tant que plateforme qui peut être à la fois un espace d'expression progressiste et un vecteur de contenus potentiellement nuisibles. L'interaction constante entre les utilisateurs sur ces questions reflète l'impact plus large des médias sociaux sur les discussions sociétales et la manière dont ils peuvent influencer les perceptions collectives.

En conclusion, TikTok a profondément influencé la culture populaire en créant de nouvelles tendances, en démocratisant la créativité, en influençant les comportements et les modes de vie, et en encourageant les discussions sur des enjeux de société. Cette plateforme a réussi à rassembler des millions de personnes à travers le monde et à redéfinir la manière dont nous interagissons avec la culture et la société.

1.5 Les tendances virales sur TikTok

TikTok est devenu une plateforme incontournable pour les tendances virales. Chaque jour, de nouvelles danses, défis et challenges se propagent à travers la communauté Tik-Tok, créant ainsi un phénomène de viralité sans précédent. Dans cette section, nous explorerons les différentes tendances virales qui ont émergé sur TikTok et leur impact sur la culture populaire.

1.5.1 Danses virales

La popularité des danses virales sur TikTok démontre la puissance de la plateforme en tant que catalyseur culturel. Ces chorégraphies créatives, souvent nées de la spontanéité des utilisateurs, transcendent les frontières en se propageant rapidement à travers la communauté TikTok. Des danses comme "Renegade" et "Savage" ont acquis une renommée mondiale, devenant des phénomènes culturels à part entière.

Ce phénomène va au-delà de la sphère numérique, influençant d'autres aspects de la culture populaire. Les émissions de télévision, les publicités et même les concerts intègrent fréquemment ces danses virales, démontrant l'impact significatif de TikTok sur le divertissement traditionnel. Les artistes musicaux ont également saisi l'opportunité offerte par la plateforme en créant des défis de danse associés à leurs chansons, exploitant ainsi TikTok comme un moyen de promotion innovant.

Ainsi, TikTok émerge comme un véritable agent de transformation culturelle, révolutionnant la manière dont la créativité, la musique et la danse sont découvertes, partagées et célébrées à l'échelle mondiale. TikTok est devenu un véritable tremplin pour la popularité et la reconnaissance des artistes émergents. Voici quelques exemples de danses virales sur TikTok qui ont connu un succès phénoménal :

Renegade (2020) : Cette danse a été créée par la jeune danseuse Jalaiah Harmon. Elle a été reprise par des millions d'utilisateurs, dont des célébrités comme Ariana Grande et Charli D'Amelio.

Savage (2020) : Cette danse a été créée par la rappeuse

Megan Thee Stallion. Elle a été reprise par des millions d'utilisateurs, dont des célébrités comme Beyoncé et Cardi B.

The Hype (2020) : Cette danse a été créée par le danseur et chorégraphe Ayo Teo. Elle a été reprise par des millions d'utilisateurs, dont des célébrités comme Justin Bieber et Jennifer Lopez.

1.5.2 Défis créatifs

Outre les danses, TikTok est également connu pour ses nombreux défis créatifs. Ces défis encouragent les utilisateurs à relever des défis spécifiques, tels que créer des illusions d'optique, réaliser des transformations impressionnantes ou même imiter des scènes de films célèbres. Les utilisateurs rivalisent d'ingéniosité pour proposer des vidéos uniques et originales, dans l'espoir de devenir viraux.

Les défis créatifs sur TikTok permettent aux utilisateurs de montrer leur talent et leur créativité. Ils offrent également une opportunité de se connecter avec d'autres utilisateurs partageant les mêmes intérêts et de créer une communauté autour d'un défi spécifique. Certains défis créatifs ont même un impact plus large, en sensibilisant à des causes sociales ou en encourageant des comportements positifs, tels que le recyclage ou la bienveillance envers les autres.

1.5.3 Challenges humoristiques

TikTok est également le théâtre de nombreux challenges humoristiques. Ces challenges mettent en avant l'humour et la comédie, incitant les utilisateurs à créer des vidéos drôles et divertissantes. TikTok devient un espace où la diversité comique est célébrée. Les utilisateurs peuvent explorer et apprécier une variété de contenus humoristiques.

Les challenges humoristiques sur TikTok peuvent prendre de nombreuses formes. Voici quelques exemples courants :

Blagues : Les utilisateurs partagent des blagues originales ou des blagues classiques.

Imitations : Les utilisateurs imitent des personnages célèbres, des célébrités ou des personnes de leur entourage.

Sketches : Les utilisateurs créent des sketchs courts et humoristiques.

Parodies : Les utilisateurs parodient des films, des émissions de télévision ou des chansons.

Les challenges humoristiques sur TikTok permettent aux utilisateurs de se divertir et de partager des moments de joie avec la communauté. Ils offrent également une occasion de développer ses compétences en matière de comédie et d'explorer différents styles d'humour. Certains utilisateurs talentueux ont même réussi à se faire remarquer par des professionnels de l'industrie du divertissement grâce à leurs vidéos humoristiques sur TikTok. Toutefois certains challenges challenges qui ont mal tourné :

Le challenge "Blackout Challenge" : Ce challenge consiste à s'étouffer jusqu'à l'évanouissement. Il a déjà causé la mort de plusieurs jeunes personnes[14].

Le challenge "Tide Pod Challenge" : Ce challenge consiste à manger des capsules de lessive. Il est extrêmement

---

14. https ://www.voltage.fr/news/blackout-challenge-le-defi-a-l-origine-de-la-mort-d-une-fillette-sur-tiktok-58351

dangereux et peut entraîner des blessures graves, voire la mort [15].

Le challenge "Challenge de la sucette" : Ce challenge consiste à se mettre une sucette dans le nez et à essayer de la retirer avec la bouche. Il peut entraîner des blessures graves, notamment des perforations du palais [16].

1.5.4   Impact des tendances virales

Les tendances virales sur TikTok ont un impact significatif sur la culture populaire et la société en général. Elles influencent les goûts, les comportements et les attitudes des utilisateurs, en particulier des jeunes. Les danses virales popularisent de nouvelles chansons et lancent des tendances musicales. Les défis créatifs encouragent l'innovation et la créativité. Les challenges humoristiques apportent de la joie et de l'humour dans la vie quotidienne des utilisateurs.

Cependant, il est important de noter que toutes les tendances virales ne sont pas positives. Certaines peuvent être controversées, offensantes ou même dangereuses. Il est donc essentiel que les utilisateurs fassent preuve de discernement et de responsabilité lorsqu'ils participent à ces tendances. Les parents et les éducateurs doivent également être conscients de l'impact des tendances virales sur les jeunes et les guider dans leur utilisation de TikTok.

En conclusion, les tendances virales sur TikTok sont un phénomène culturel majeur. Elles reflètent la créativité, l'humour et les intérêts de la communauté TikTok. Ces tendances

---

15. https ://www.tiktok.com/discover/tide-pot-challenge ?lang=fr

16. https ://www.e-marketing.fr/Thematique/social-media-1096/Breves/Chupa-Chups-lance-challenge-TikTok-359308.htm

ont un impact sur la musique, la comédie et la créativité en général. Cependant, il est important de rester vigilant et de faire
preuve de discernement lorsqu'on participe à ces tendances,
afin de préserver une expérience positive et sécurisée sur Tik-
Tok.

Chapitre 2

L'impact de TikTok sur les jeunes

Dans ce chapitre, nous plongerons dans l'impact significatif de TikTok sur la jeunesse contemporaine. En mettant l'accent sur des aspects tels que le scrolling infini, les effets psychologiques, les dangers de la cyberintimidation, et l'influence des influenceurs, nous examinerons de près comment TikTok façonne les expériences et les perceptions des jeunes utilisateurs. Ce chapitre explore les implications psychologiques de l'utilisation intensive de TikTok, met en évidence les risques associés à la cyberintimidation et examine le rôle des influenceurs dans la formation des choix et des attitudes des jeunes. Enfin, nous discuterons des mesures de prévention, de l'éducation et de la responsabilité nécessaires pour atténuer les effets potentiellement négatifs de TikTok sur cette génération connectée.

2.1 Scrolling Infini

Les réseaux sociaux, dont TikTok fait partie, ont profondément modifié notre façon d'interagir avec le monde numérique. TikTok, en particulier, a réussi à créer une expérience immersive, captivante et facilement accessible, entraînant plusieurs conséquences notables.

Captivation de l'Attention :

TikTok a développé une interface conviviale et une diversité de contenus qui captivent l'attention des utilisateurs. La facilité de consommation de vidéos courtes encourage le visionnage continu.

Phénomène du Scrolling Infini :

Le modèle de scrolling infini de TikTok, où les utilisateurs peuvent faire défiler les vidéos de manière quasi infinie, crée un cycle d'engagement continu, incitant les utilisateurs à rester plus longtemps sur la plateforme.

Interactivité et Partage :

La nature interactive de TikTok, avec des likes, des commentaires et le partage facile de vidéos, contribue à la formation d'une communauté engagée. Les utilisateurs peuvent devenir rapidement accros à l'interaction constante avec du contenu viral.

Effet de Dopamine :

L'obtention de likes, de followers et la découverte de contenus populaires déclenchent la libération de dopamine, un neurotransmetteur associé à la récompense. Cela crée un cycle d'interaction visant à obtenir plus de gratifications.

Impact Générationnel :

Les jeunes générations sont souvent plus susceptibles d'être fortement influencées par les réseaux sociaux, intégrant Tik-Tok dans leur quotidien de manière plus intensive.

Défis et Réflexions :

L'addiction aux réseaux sociaux peut avoir des répercussions sur la santé mentale, le sommeil et la productivité. La responsabilité des plateformes à gérer le temps d'utilisation et à promouvoir une utilisation saine devient cruciale.

2.1.1 Mécanisme d'addiction

TikTok offrent une multitude de possibilités et d'interactions. Il permettent de rester connecté avec ses amis, de partager des moments de vie, de s'informer sur l'actualité, de découvrir de nouvelles tendances et de s'exprimer librement. Cette facilité d'accès et cette diversité de contenus ont contribué à l'engouement pour les réseaux sociaux, et TikTok en particulier.

TikTok a été conçu de manière à encourager l'engagement et à maintenir les utilisateurs sur la plateforme le plus longtemps possible. L'algorithme de TikTok est conçu pour proposer du contenu personnalisé en fonction des préférences de chaque utilisateur. Ainsi, chaque vidéo visionnée est une nouvelle opportunité de découvrir du contenu qui correspond à ses centres d'intérêt.

De plus, TikTok utilise des techniques de gamification pour inciter les utilisateurs à rester actifs. Les défis, les hashtags et les récompenses virtuelles créent une dynamique addictive, incitant les utilisateurs à participer et à partager du contenu. Les notifications constantes et les suggestions de vidéos similaires contribuent également à maintenir l'attention des utilisateurs.

Les conséquences de l'addiction aux réseaux sociaux Passer trop de temps sur les réseaux sociaux, y compris TikTok, peut avoir des conséquences néfastes sur la santé mentale et physique des individus. L'addiction aux réseaux sociaux peut entraîner une diminution de la productivité, une perte de sommeil, une baisse de l'estime de soi et une augmentation de l'anxiété.

De plus, l'utilisation excessive des réseaux sociaux peut entraîner une déconnexion avec la réalité et une dépendance aux interactions virtuelles. Les utilisateurs peuvent se retrouver isolés socialement, préférant passer du temps devant leur écran plutôt que de nouer des relations réelles.

Les stratégies pour lutter contre l'addiction Il est important de prendre conscience de son utilisation des réseaux sociaux et de mettre en place des stratégies pour lutter contre l'addiction. Voici quelques conseils pour limiter l'impact négatif des réseaux sociaux, y compris TikTok :

Fixer des limites de temps : Définissez une durée quotidienne ou hebdomadaire pour l'utilisation des réseaux sociaux et respectez ces limites.

Désactiver les notifications : Évitez d'être constamment sollicité par les notifications en désactivant celles de TikTok. Cela vous permettra de vous concentrer sur d'autres activités sans être constamment distrait.

Privilégier les interactions réelles : Accordez du temps à vos proches et à vos amis dans la vie réelle. Organisez des sorties, des rencontres et des activités qui vous permettront de vous reconnecter avec les autres.

Diversifier ses activités : Ne vous limitez pas uniquement à l'utilisation des réseaux sociaux. Trouvez d'autres hobbies et centres d'intérêt qui vous permettront de vous épanouir et de vous divertir autrement.

Faire des pauses régulières : Accordez-vous des moments de déconnexion totale des réseaux sociaux. Profitez de la nature, pratiquez une activité physique ou méditez pour vous ressourcer.

En suivant ces conseils, vous pourrez mieux gérer votre utilisation des réseaux sociaux et éviter de tomber dans l'addiction. Il est important de trouver un équilibre entre le monde virtuel et la réalité, afin de préserver sa santé mentale et de profiter pleinement de sa vie.

2.2   Les effets psychologiques de Tik-Tok

TikTok est devenu une plateforme de médias sociaux extrêmement populaire, en particulier auprès des jeunes [1]. Avec son format de vidéos courtes et sa facilité d'utilisation, TikTok a réussi à captiver l'attention de millions d'utilisateurs à travers le monde. Cependant, derrière cette popularité se cachent des effets psychologiques qui peuvent avoir un impact sur la santé mentale des utilisateurs.

---

1. https ://www.socialsellingcrm.com/les-jeunes-preferent-tiktok/

2.2.1   Comparaison sociale

L'effet de comparaison sociale, exacerbé par des plateformes comme TikTok, peut avoir des implications importantes sur le bien-être mental des utilisateurs.

Pression pour la perfection : En voyant des vidéos mettant en avant des vies apparemment parfaites, des talents exceptionnels, ou des physiques attractifs, les utilisateurs peuvent ressentir une pression accrue pour correspondre à ces normes irréalistes. Cela peut créer un sentiment de perfectionnisme et d'insatisfaction constante.

Impact sur l'estime de soi : La quête de popularité et de reconnaissance sur TikTok peut conduire à une évaluation constante de soi en fonction du nombre de likes, de followers, ou de vues. Les utilisateurs peuvent développer une estime de soi fragile, dépendante des réactions virtuelles des autres, ce qui peut affecter négativement leur bien-être émotionnel.

Effets sur la santé mentale : La comparaison sociale excessive peut contribuer au développement de troubles tels que l'anxiété, la dépression et le stress. Les utilisateurs peuvent se sentir constamment jugés et évalués par leur audience, ce qui peut engendrer un niveau élevé de stress psychologique.

Éloignement social : Alors que les utilisateurs cherchent à maintenir ou à améliorer leur visibilité en ligne, cela peut parfois se faire au détriment des interactions sociales dans le monde réel. La focalisation sur la popularité en ligne peut conduire à un isolement social, car les individus passent plus de temps à créer du contenu ou à chercher à obtenir des validations virtuelles.

Filtrage de la réalité : Les vidéos sur TikTok sont souvent soigneusement éditées et mises en scène, créant une réalité filtrée qui peut être déconnectée de la vie quotidienne. Les utilisateurs peuvent perdre de vue la distinction entre la réalité et la représentation idéalisée qu'ils voient en ligne, ce qui peut contribuer à des attentes irréalistes.

Jeunesse et vulnérabilité : Les adolescents, en particulier, peuvent être particulièrement vulnérables à ces pressions sociales [2]. Leur développement identitaire est souvent influencé par la comparaison avec leurs pairs, et les plateformes de médias sociaux peuvent exacerber ces comparaisons, entraînant des problèmes de santé mentale plus importants.

Il est essentiel que les utilisateurs de TikTok et d'autres plateformes de médias sociaux soient conscients de ces effets potentiels et adoptent des habitudes saines en ligne. Cela inclut la prise de recul par rapport aux contenus idéalisés, la reconnaissance de la réalité filtrée des médias sociaux, et la priorité donnée aux interactions sociales authentiques dans le monde réel. Les parents, éducateurs et professionnels de la santé mentale peuvent également jouer un rôle crucial en éduquant les jeunes sur ces questions et en encourageant une utilisation équilibrée et consciente des médias sociaux.

2.2.2   Image corporelle

L'impact de TikTok sur l'image corporelle peut être significatif, et il est important d'examiner de plus près certains des

---

2. https ://www.francetvinfo.fr/internet/reseaux-sociaux/juge-addictif-tiktok-va-avertir-les-jeunes-au-bout-d-une-heure-d-utilisation₅686937.*html*

aspects de cette problématique :

Normes de beauté irréalistes : Les vidéos sur TikTok mettent souvent en avant des normes de beauté qui peuvent être difficilement atteignables dans la réalité. La pression pour correspondre à ces normes peut entraîner des problèmes d'estime de soi et contribuer au développement de complexes liés à l'apparence physique.

Comparaison constante : Les utilisateurs, en particulier les jeunes, peuvent constamment se comparer aux standards de beauté présentés sur TikTok. Cette comparaison constante peut mener à des sentiments d'insécurité et à une perception négative de son propre corps.

Perdre 100 livres[3] semble à portée de clic grâce au filtre « 100 lb down » très en vogue sur TikTok. Toutefois, cette tendance suscite des inquiétudes quant à son impact potentiellement négatif sur l'image corporelle, pouvant inciter à des comportements jugés "violents pour le corps" dans le but de perdre du poids, comme le souligne Janick Coutu, une psychologue qui intervient notamment auprès des personnes ayant des troubles alimentaires[4].

Risque de troubles alimentaires : Les contenus axés sur l'apparence physique, les régimes et l'exercice intensif peuvent influencer les comportements alimentaires. Certains utilisateurs, en cherchant à atteindre les normes de beauté populaires sur la plateforme, pourraient adopter des habitudes alimentaires restrictives ou développer des troubles alimentaires.

---

3. 45,36 kilogrammes.

4. https ://www.lapresse.ca/societe/2023-05-07/tendance-sur-tiktok/un-filtre-de-perte-de-poids-nuit-a-l-image-corporelle-des-utilisateurs.php

Effet sur la santé mentale : Les pressions liées à l'apparence physique sur TikTok peuvent contribuer au développement de problèmes de santé mentale tels que l'anxiété, la dépression et les troubles de l'image corporelle. Les utilisateurs peuvent se sentir jugés en fonction de leur apparence, ce qui peut avoir des conséquences néfastes sur leur bien-être émotionnel.

Pour Dr Servane Mouton, neurologue et coordinatrice du livre "Humanité et numérique : "*Les plus jeunes sont les plus vulnérables. Et pour cause : leur cerveau mature jusqu'à 25 ans. Les zones qui arrivent à maturité le plus tardivement - les zones frontales - sont celles qui nous permettent notamment de résister aux impulsions, de réfléchir avant de prendre une décision, d'agir. Les plus jeunes ont donc d'autant plus de difficulté à résister aux stimulations du système de récompense par les diverses notifications, vidéos, etc des réseaux sociaux notamment, stimulations qui rendent compte en grande partie du caractère "addictif-like" de ces applications. Considérant les effets délétères sur la santé physique et mentale d'un usage abusif ou excessif des écrans récréatifs au sens large, l'usage des réseaux sociaux par les mineurs ne devrait à mon sens pas être autorisé, tant qu'ils sont conçus de façon à manipuler notre attention, au même titre que la consommation d'alcool ou de tabac leur est interdite. Leur santé à court, moyen et long terme en dépend"* [5].

Responsabilité sociale : Les créateurs de contenu sur

---

5. www.doctissimo.fr/psychologie/maladies-psychiatriques-sante-mentale/voici-comment-tiktok-affecte-votre-sante-mentale/2e1dc0$_a r.html$

TikTok ont une responsabilité sociale importante. Ceux qui ont une large audience ont l'obligation de promouvoir des messages positifs sur l'image corporelle, la diversité et l'acceptation de soi. Malheureusement, certains créateurs peuvent involontairement contribuer à perpétuer des normes de beauté irréalistes.

Éducation et sensibilisation : Les efforts d'éducation et de sensibilisation sur l'importance de la diversité corporelle, de l'acceptation de soi et de la santé mentale sont essentiels. Les utilisateurs, en particulier les jeunes, doivent être informés sur la nature filtrée des médias sociaux et encouragés à cultiver une image positive de leur corps.

En conclusion, TikTok, comme d'autres plateformes de médias sociaux, peut influencer de manière significative la perception de soi et l'image corporelle. Il est crucial de promouvoir des discussions ouvertes autour de ces problématiques, d'encourager une utilisation consciente des médias sociaux et d'adopter des messages positifs et inclusifs sur la beauté et le bien-être. Les parents, éducateurs et professionnels de la santé mentale jouent également un rôle clé dans la promotion d'une image corporelle saine et réaliste chez les jeunes utilisateurs.

2.2.3   Culte des likes et des commentaires

L'addiction aux likes[6] et aux commentaires sur TikTok peut être une problématique sérieuse avec des implications sur la santé mentale des utilisateurs. Voici quelques éléments à considérer :

---

6. [4]

Renforcement positif : Les likes et les commentaires fonctionnent comme des renforcements positifs sur TikTok. Lorsqu'un utilisateur reçoit ces validations, cela peut déclencher la libération de dopamine dans le cerveau, créant ainsi une sensation de plaisir. Cette récompense peut conduire à un comportement répétitif visant à obtenir davantage d'interactions positives.

Validation sociale : La quête de likes et de commentaires peut devenir une source importante de validation sociale. Les utilisateurs peuvent associer la quantité de réactions à leur valeur personnelle, ce qui peut entraîner une dépendance émotionnelle aux réponses positives des autres.

Cycle de la comparaison : L'obsession pour les likes peut conduire à une comparaison constante avec d'autres utilisateurs, entraînant ainsi des sentiments d'insécurité et d'infériorité si les résultats ne sont pas à la hauteur des attentes.

Impact sur l'estime de soi : Lorsque les utilisateurs ne reçoivent pas autant de likes ou de commentaires qu'ils le souhaiteraient, cela peut avoir un impact significatif sur leur estime de soi. Ils peuvent commencer à douter de leur valeur et de leur popularité, entraînant des sentiments d'anxiété et de dépression.

Temps excessif passé sur la plateforme : La quête constante de likes et de commentaires peut inciter les utilisateurs à passer un temps excessif sur TikTok, souvent au détriment d'autres activités importantes telles que le travail, les études, les interactions sociales hors ligne et le sommeil.

Stratégies d'engagement : Certains utilisateurs peuvent développer des stratégies spécifiques pour maximiser leur visibilité et augmenter leurs chances d'obtenir des likes, comme la création de contenus sensationnels ou la participation à des tendances populaires. Cela peut contribuer à un cercle vicieux d'engagement constant.

Interventions et sensibilisation : Les plateformes de médias sociaux et les professionnels de la santé mentale peuvent jouer un rôle crucial dans la sensibilisation à l'addiction aux likes et aux commentaires. Des interventions éducatives et des fonctionnalités visant à encourager une utilisation équilibrée peuvent être mises en place pour atténuer cette dépendance.

En résumé, il est essentiel de reconnaître et de traiter l'addiction aux likes et aux commentaires sur TikTok en tant que problème sérieux. La sensibilisation, l'éducation et le développement de stratégies pour promouvoir un usage sain des médias sociaux sont des aspects importants pour atténuer les effets négatifs sur la santé mentale des utilisateurs.

2.2.4 Isolement social

Bien que TikTok puisse être un moyen de se connecter avec d'autres personnes et de partager ses intérêts, il peut également contribuer à l'isolement social. Les utilisateurs peuvent passer de longues heures à regarder des vidéos sans interagir avec d'autres personnes dans la vie réelle. Cela peut entraîner une diminution des interactions sociales en face à face, ce qui peut avoir un impact sur le bien-être émotionnel et la santé mentale.

la plateforme est conçue pour être addictive. Les vidéos sont courtes et stimulantes, ce qui peut inciter les utilisateurs à passer de plus en plus de temps sur l'application. Cela peut laisser moins de temps pour les interactions sociales en face à face.

L'étude de **Miller et al**. a examiné les effets de l'utilisation des médias sociaux sur l'isolement social et le bien-être chez les adultes âgés de 18 à 29 ans. Les chercheurs ont constaté que les personnes qui utilisaient les médias sociaux plus de deux heures par jour étaient plus susceptibles de se sentir isolées socialement que celles qui utilisaient les médias sociaux moins d'une heure par jour.

L'étude de **Lenhart** a examiné les relations entre l'utilisation des médias sociaux et l'isolement social chez les jeunes adultes âgés de 18 à 29 ans. Les chercheurs ont constaté que les jeunes adultes qui utilisaient les médias sociaux plus de deux heures par jour étaient plus susceptibles de se sentir isolées socialement que celles qui utilisaient les médias sociaux moins d'une heure par jour.

L'article de blog du Centre de recherche sur les médias sociaux de l'Université du Michigan a examiné les différentes façons dont TikTok peut contribuer à l'isolement social. Les auteurs de l'article ont souligné que TikTok est conçu pour être addictif, qu'il peut créer un sentiment de fausse connexion et qu'il peut favoriser une culture de comparaison.

Ces études et articles suggèrent que l'utilisation excessive de TikTok peut contribuer à l'isolement social. Il est important de limiter le temps passé sur l'application et de s'efforcer de se connecter avec d'autres personnes dans la vie réelle pour réduire les risques d'isolement social.

TikTok peut créer un sentiment de fausse connexion. Les

utilisateurs peuvent se sentir connectés aux autres en regardant leurs vidéos, mais cette connexion n'est pas aussi profonde qu'une interaction en face à face. Cela peut conduire à un sentiment d'isolement, car les utilisateurs peuvent se sentir comme si elles n'avaient pas de vraies relations.

Enfin, TikTok peut favoriser une culture de comparaison. Les utilisateurs sont constamment exposés à des vidéos de personnes qui semblent avoir une vie parfaite. Cela peut conduire à un sentiment d'infériorité et de solitude, car les utilisateurs peuvent se sentir comme si elles ne pouvaient pas rivaliser.

2.2.5 Éffet de désensibilisation

TikTok est également connu pour héberger des contenus parfois choquants ou violents. La consommation régulière de ce type de contenu peut entraîner un effet de désensibilisation, où les utilisateurs deviennent moins sensibles à la violence ou à d'autres formes de contenu négatif. Cela peut avoir un impact sur la perception de la réalité et la capacité à ressentir de l'empathie envers les autres.

La désensibilisation est un processus qui se produit lorsque les gens sont exposés à des stimuli répétés. Au fil du temps, ils deviennent moins sensibles à ces stimuli et y réagissent moins.

Dans le cas de TikTok, les utilisateurs peuvent être exposés à des contenus choquants ou violents de plusieurs façons. Ils peuvent voir ces contenus dans les vidéos qu'ils regardent, ou ils peuvent être ciblés par des publicités ou des influenceurs qui partagent ce type de contenu.

L'effet de désensibilisation peut avoir un impact négatif sur les utilisateurs de TikTok de plusieurs façons. Tout d'abord, il peut les rendre moins sensibles à la violence et à d'autres formes de contenu négatif. Cela peut les conduire à banaliser la violence ou à ne pas réagir aux situations de violence.

Une étude publiée dans la revue "Communication Research" en 2020 a révélé que les personnes exposées à des contenus violents sur les médias sociaux étaient plus susceptibles de réagir de manière moins émotionnelle à la violence dans la vie réelle[7].

Ladite désensibilisation peut avoir un impact sur la perception de la réalité des utilisateurs. Ils peuvent commencer à voir le monde comme un endroit plus dangereux et plus violent qu'il ne l'est en réalité.

Une autre étude, publiée dans la revue "Journal of Personality and Social Psychology" en 2019, a révélé que les personnes exposées à des contenus violents sur les médias sociaux étaient plus susceptibles de justifier la violence et de déshumaniser les victimes de violence[8].

La désensibilisation peut avoir un impact sur la capacité des utilisateurs à ressentir de l'empathie envers les autres. Ils peuvent commencer à se sentir moins concernés par les souffrances des autres.

2.2.6 Troubles du sommeil

Passer de longues heures sur TikTok, surtout avant de se coucher, peut perturber le sommeil des utilisateurs. La lumière bleue émise par les écrans peut affecter la production de mélatonine, l'hormone responsable de la régulation du sommeil.

---

7. https ://cos.hypotheses.org/
8. https ://www.apa.org/pubs/journals/psp

Cela peut entraîner des problèmes d'insomnie et de qualité de sommeil chez les utilisateurs, ce qui peut avoir un impact sur leur bien-être général.

La lumière bleue est une longueur d'onde de lumière qui se trouve dans la partie visible du spectre lumineux. Elle est émise par le soleil, mais également par les écrans numériques.

La lumière bleue a un impact sur la production de mélatonine, l'hormone responsable de la régulation du sommeil. La mélatonine est sécrétée par la glande pinéale lorsque la luminosité ambiante diminue. Elle signale au corps qu'il est temps de se coucher.

Lorsque les gens sont exposés à la lumière bleue, la production de mélatonine est inhibée. Cela peut entraîner des problèmes d'insomnie, tels qu'une difficulté à s'endormir, des réveils nocturnes fréquents ou un sommeil non réparateur. D'ailleurs, une étude publiée dans la revue "Nature Reviews Neuroscience" en 2019 a révélé que l'exposition à la lumière bleue avant le coucher pouvait perturber le rythme circadien, le cycle naturel du sommeil et de l'éveil[9].

En conclusion, TikTok peut avoir des effets psychologiques significatifs sur les utilisateurs, en particulier les jeunes. Il est important de prendre conscience de ces effets et de trouver un équilibre sain dans l'utilisation de cette plateforme. Les parents, les éducateurs et les professionnels de la santé mentale doivent également être conscients de ces effets et fournir un soutien approprié aux utilisateurs qui en ont besoin.

---

9. https ://www.giga.uliege.be/cms/c4821355/fr/la − migration − cellulaire − favorise − les − interactions − cellulaires − dynamiques − pour − controler − la − morphogenese − du − cortex − cerebral

2.3   Les dangers de la cyberintimidation sur TikTok

La cyberintimidation est un problème majeur dans notre société moderne, et TikTok n'échappe malheureusement pas à cette réalité. Avec des millions d'utilisateurs actifs chaque jour, la plateforme offre un terrain fertile pour les comportements de harcèlement en ligne. Dans cette section, nous allons explorer les dangers de la cyberintimidation sur TikTok et ses conséquences sur les jeunes utilisateurs.

2.3.1   Formes de cyberintimidation sur TikTok

La cyberintimidation sur TikTok peut prendre diverses formes, créant un environnement en ligne potentiellement toxique. Voici quelques-unes des formes courantes de cyberintimidation sur la plateforme :

Commentaires haineux : Les utilisateurs peuvent être victimes de commentaires malveillants et haineux sur leurs vidéos. Ces commentaires peuvent viser leur apparence, leurs compétences, ou d'autres aspects personnels, contribuant ainsi à des sentiments d'insécurité et de détresse.

Vidéos humiliantes : Certains utilisateurs malintentionnés créent des vidéos dans le but de ridiculiser ou de diffamer d'autres utilisateurs. Ces vidéos peuvent être particulièrement préjudiciables, car elles sont souvent partagées rapidement et peuvent avoir un impact significatif sur la réputation de la personne visée.

Moqueries et insultes : Les individus peuvent être victimes de moqueries et d'insultes, que ce soit dans les commentaires, les duos ou d'autres interactions sur la plateforme. Cela peut entraîner des dommages émotionnels importants, en particulier chez les jeunes qui peuvent être plus sensibles à ces formes d'agression en ligne.

Menaces : La cyberintimidation peut également prendre la forme de menaces directes envers un utilisateur. Ces menaces peuvent avoir des conséquences graves sur la santé mentale de la victime, générant de l'anxiété et de la peur pour leur sécurité [10].

Diffamation : Certains individus peuvent répandre des informations fausses ou diffamatoires sur TikTok, visant à ternir la réputation d'un utilisateur. Cette forme de cyberintimidation peut avoir des implications graves, affectant la vie personnelle et sociale de la personne ciblée.

Ciblage des jeunes : Les adolescents et les jeunes adultes sont souvent ciblés en raison de leur vulnérabilité émotionnelle et de leur recherche d'approbation sociale. La cyberintimidation peut avoir un impact particulièrement dévastateur sur cette population, affectant leur estime de soi et leur bien-être mental.

Effet de groupe : Parfois, la cyberintimidation sur TikTok peut impliquer plusieurs utilisateurs s'attaquant à une personne spécifique. L'effet de groupe peut amplifier les dom-

---

10. En 2022, Ava Majury, une adolescente de 13 ans, a été harcelée par un homme en ligne. L'homme, identifié comme Eric Justin Ross, avait envoyé des menaces de mort à Ava et sa famille sur TikTok. Il a finalement réussi à entrer dans la maison d'Ava et avant d'être tué par balle par le père de la Tiktokeuse.

mages émotionnels et rendre la victime encore plus vulnérable.

2.3.2 Conséquences psychologiques de la cyberintimidation

La cyberintimidation sur TikTok peut avoir des conséquences dévastatrices sur la santé mentale des victimes. Les jeunes qui en sont victimes peuvent développer des problèmes d'estime de soi, d'anxiété, de dépression et même des pensées suicidaires. L'impact psychologique de la cyberintimidation peut être profond et durable, laissant des cicatrices émotionnelles qui peuvent persister à l'âge adulte.

La cyberintimidation peut avoir un impact négatif sur l'estime de soi des victimes. Les commentaires haineux et les insultes peuvent conduire les victimes à se sentir mal dans leur peau, à douter d'elles-mêmes et à avoir une faible estime de soi.

Les victimes peuvent avoir peur d'aller en ligne, de rencontrer les intimidateurs en personne ou de subir une nouvelle attaque. L'anxiété peut entraîner des troubles du sommeil, des problèmes de concentration et des difficultés à se concentrer à l'école ou au travail.

La cyberintimidation peut également entraîner une dépression chez les victimes. Les victimes peuvent se sentir tristes, désespérées et sans espoir. La dépression peut conduire à une perte d'intérêt pour les activités quotidiennes, des troubles du sommeil, une perte d'appétit et des pensées suicidaires.

Dans les cas les plus graves, la cyberintimidation peut conduire à des pensées suicidaires. Les victimes peuvent se sentir tellement désespérées qu'elles envisagent de se suicider.

De nombreuses études ont examiné les conséquences psychologiques de la cyberintimidation. Voici quelques exemples :

Une étude publiée dans la revue "Cyberpsychology, Behavior, and Social Networking" en 2022 a révélé que les adolescents victimes de cyberintimidation étaient plus susceptibles de présenter des symptômes de dépression, d'anxiété et de pensées suicidaires.

Une autre étude, publiée dans la revue "Journal of Adolescent Health" en 2021, a révélé que les adolescents victimes de cyberintimidation étaient plus susceptibles de se retirer de leurs amis et de leur famille, d'avoir des problèmes de sommeil et de performance scolaire.

Enfin, une étude publiée dans la revue "Pediatrics" en 2020 a révélé que les adolescents victimes de cyberintimidation étaient plus susceptibles de se blesser ou de se suicider.

2.3.3   Ampleur du problème sur TikTok

Malgré les efforts de TikTok pour lutter contre la cyberintimidation, le problème persiste sur la plateforme. Les utilisateurs sont souvent confrontés à des commentaires négatifs et à des attaques personnelles, ce qui peut avoir un effet dévastateur sur leur bien-être émotionnel. De plus, la viralité des vidéos sur TikTok peut amplifier la portée de la cyberintimidation, exposant ainsi davantage de personnes aux comportements nuisibles.

2.3.4 Mesures de prévention et de sensibilisation

la prévention et la sensibilisation sont des composantes essentielles pour lutter contre la cyberintimidation sur TikTok. Voici quelques mesures spécifiques qui peuvent être mises en place :

Politiques strictes de la plateforme : TikTok doit continuer à mettre en œuvre des politiques strictes contre la cyberintimidation. Cela inclut des règles claires sur les comportements inappropriés, des mécanismes de signalement efficaces, et des sanctions appropriées pour les contrevenants.

Éducation des utilisateurs : TikTok peut fournir des ressources éducatives directement sur la plateforme pour sensibiliser les utilisateurs aux différents aspects de la cyberintimidation. Des tutoriels, des vidéos informatives, et des pop-ups éducatifs peuvent être utilisés pour informer les utilisateurs sur les conséquences de la cyberintimidation et sur la manière de signaler les comportements abusifs.

Campagnes de sensibilisation : Des campagnes de sensibilisation peuvent être lancées pour informer les utilisateurs sur les dangers de la cyberintimidation. Ces campagnes peuvent être menées en collaboration avec des influenceurs et des personnalités populaires sur la plateforme pour maximiser leur portée.

Formation des parents et des éducateurs : Il est important d'équiper les parents et les éducateurs des connaissances nécessaires pour comprendre et aborder la cyberintimidation. Des sessions de formation et des ressources en ligne peuvent les aider à surveiller le comportement en ligne des jeunes et à intervenir lorsque cela est nécessaire.

Encourager la responsabilité en ligne : Les utilisateurs de TikTok doivent être encouragés à adopter des comportements responsables en ligne. Cela inclut la réflexion avant de poster du contenu, le respect des autres utilisateurs, et la promotion d'une culture en ligne positive.

Promotion de la bienveillance en ligne : TikTok peut encourager activement la création d'un environnement en ligne bienveillant en mettant en avant des contenus positifs et en récompensant les comportements constructifs. Des fonctionnalités spéciales, telles que des badges pour la bienveillance, peuvent être mises en place pour encourager les interactions positives.

Mécanismes de signalement efficaces : Les mécanismes de signalement sur TikTok doivent être faciles à utiliser et efficaces. Les utilisateurs doivent se sentir en confiance pour signaler les incidents de cyberintimidation, sachant que des mesures seront prises rapidement.

En impliquant activement les utilisateurs, les parents, les éducateurs et la plateforme elle-même, il est possible de créer un environnement en ligne plus sécurisé et plus respectueux. La prévention de la cyberintimidation nécessite une approche collaborative et proactive pour changer les comportements en ligne et promouvoir une culture de respect et d'empathie.

2.3.5 Importance du soutien et de l'accompagnement

Le soutien et l'accompagnement sont cruciaux pour aider les victimes de cyberintimidation sur TikTok à surmonter les conséquences émotionnelles et psychologiques de cette expérience difficile. Voici quelques points soulignant l'importance de ces éléments :

Soutien émotionnel : Les victimes de cyberintimidation peuvent ressentir un large éventail d'émotions, allant de la colère et de la tristesse à la peur et à la honte. Le soutien émotionnel de la part des parents, des amis, des enseignants et des professionnels de la santé mentale est essentiel pour les aider à faire face à ces émotions.

Encouragement à parler : Les jeunes victimes de cyberintimidation peuvent parfois hésiter à parler de leur expérience par crainte de représailles ou de jugement. Il est important de créer un environnement où ils se sentent en sécurité pour partager leurs préoccupations et exprimer leurs émotions sans crainte de stigmatisation.

Intervention des parents et des éducateurs : Les parents et les éducateurs jouent un rôle crucial dans la résolution des problèmes de cyberintimidation. Ils doivent être prêts à intervenir, à signaler les incidents et à collaborer avec l'école et les autorités compétentes pour assurer la sécurité de l'enfant.

Accès aux professionnels de la santé mentale : Les victimes de cyberintimidation peuvent éprouver des traumatismes psychologiques significatifs. L'accès à des professionnels de la santé mentale, tels que des psychologues, des conseillers ou des thérapeutes, peut être essentiel pour aider les individus à surmonter ces traumatismes et à renforcer leur résilience émotionnelle.

Utilisation des ressources en ligne : Il existe des ressources en ligne spécifiquement conçues pour aider les victimes de cyberintimidation. Les lignes d'assistance téléphonique, les forums de soutien en ligne, et les sites web spécialisés peuvent offrir un soutien supplémentaire et des conseils pratiques.

Éducation sur la sécurité en ligne : Prévenir la cyberintimidation nécessite également une éducation continue sur la sécurité en ligne. Les jeunes doivent être informés des comportements responsables en ligne, de la gestion de la confidentialité, et des mesures à prendre en cas de cyberintimidation.

Promotion de l'estime de soi : Le processus de récupération peut être renforcé en encourageant le développement de l'estime de soi. Les victimes de cyberintimidation peuvent bénéficier d'activités qui renforcent leur confiance en elles et qui les aident à retrouver un sentiment de contrôle sur leur vie en ligne.

2.3.6 Responsabilité de la communauté TikTok

En tant que communauté, les utilisateurs de TikTok ont également la responsabilité de lutter contre la cyberintimidation. Il est important de signaler les contenus abusifs et de soutenir les victimes. En encourageant un environnement en ligne positif, où la bienveillance et le respect sont valorisés, nous pouvons tous contribuer à réduire les cas de cyberintimidation sur TikTok.

En conclusion, la cyberintimidation sur TikTok est un problème sérieux qui peut avoir des conséquences dévastatrices sur les jeunes utilisateurs. Il est essentiel de sensibiliser, de prévenir et de soutenir les victimes de cyberintimidation. En travaillant ensemble en tant que communauté, nous pouvons créer un environnement en ligne plus sûr et plus bienveillant pour tous les utilisateurs de TikTok.

2.4 L'influence des influenceurs sur les jeunes

Les influenceurs sur TikTok ont un impact considérable sur les jeunes utilisateurs de la plateforme. Leur popularité et leur capacité à créer du contenu attrayant les rendent extrêmement influents auprès de leur public. Les jeunes sont souvent attirés par ces influenceurs en raison de leur style de vie glamour, de leur apparence physique et de leur capacité à créer du contenu divertissant.

2.4.1 Identification avec les influenceurs

L'identification avec les influenceurs, en particulier sur des plateformes comme TikTok, est un phénomène intéressant qui souligne l'influence considérable des médias sociaux sur la perception de soi des jeunes. On peut y trouver :

Création d'une connexion personnelle : Les influenceurs sur TikTok, en raison de la nature souvent personnelle et authentique de leurs contenus, créent une connexion plus intime avec leur public. Les jeunes peuvent se sentir proches d'eux, comme s'ils partageaient des expériences similaires.

Aspiration au style de vie : Les influenceurs présentent souvent des styles de vie attractifs, que ce soit en matière de voyages, de mode, de divertissement, ou d'autres aspects de la vie. Les jeunes peuvent aspirer à atteindre ces mêmes niveaux de réussite et de bonheur.

Impact sur l'estime de soi : L'identification avec des influenceurs peut influencer l'estime de soi des jeunes. Si les influenceurs représentent des normes de beauté ou de succès inatteignables, cela peut parfois entraîner des problèmes d'estime de soi lorsque les jeunes ne se sentent pas à la hauteur.

Effet sur le comportement : Les jeunes peuvent adopter le comportement, le langage et les attitudes de leurs influenceurs préférés. Cela peut avoir des conséquences positives s'ils s'inspirent de modèles de comportement sains, mais peut également être problématique si les influenceurs promeuvent des comportements risqués ou irresponsables.

Influence sur les choix de consommation : Les jeunes sont souvent influencés dans leurs décisions d'achat par les recommandations et les partenariats commerciaux des influenceurs. Cela peut affecter leurs préférences en matière de marques et de produits.

Responsabilité des influenceurs : En raison de leur impact significatif sur les jeunes, les influenceurs ont une certaine responsabilité sociale. Certains peuvent utiliser leur plateforme de manière positive en promouvant des messages inspirants et inclusifs, tandis que d'autres peuvent contribuer à des normes négatives.

2.4.2 Iinfluence sur les choix de consommation

L'influence sur les choix de consommation est un aspect significatif du pouvoir des influenceurs sur les plateformes comme TikTok. Voici quelques points clés à considérer dans ce contexte :

Marketing d'influence : Les marques reconnaissent l'impact des influenceurs sur la prise de décision des consommateurs, en particulier chez les jeunes. Elles collaborent donc souvent avec des influenceurs pour promouvoir leurs produits d'une manière qui semble plus authentique et personnelle.

Recommandations de produits : Les influenceurs sur TikTok partagent fréquemment leurs recommandations de produits préférés, qu'il s'agisse de vêtements, de produits de beauté, de gadgets ou d'autres articles. Ces recommandations peuvent exercer une influence significative sur les préférences et les choix d'achat des jeunes.

Effet de mimétisme : Les jeunes peuvent être enclins à imiter les choix de consommation de leurs influenceurs préférés dans le but de se rapprocher de leur style de vie perçu. Cela peut conduire à des achats impulsifs et à des dépenses financières parfois excessives.

Partenariats commerciaux : Certains influenceurs concluent des partenariats commerciaux avec des marques, recevant souvent une rémunération ou des produits gratuits en échange de la promotion de ces produits dans leurs contenus. Les jeunes peuvent ne pas toujours être conscients de ces accords, ce qui soulève des questions d'éthique en matière de transparence.

Pression sociale : La pression sociale exercée par la communauté en ligne peut également jouer un rôle dans les choix de consommation. Les jeunes peuvent se sentir influencés à acheter des produits populaires parmi leurs pairs et leurs influenceurs préférés pour s'intégrer davantage.

Éducation à la consommation : Il est essentiel d'éduquer les jeunes sur la publicité en ligne, le marketing d'influence et le discernement des messages promotionnels. Développer une compréhension critique des motivations derrière les recommandations des influenceurs peut aider à prendre des décisions de consommation plus éclairées.

Impact sur la durabilité : Certains influenceurs utilisent leur plateforme pour promouvoir des modes de vie durables et des choix de consommation responsables, tandis que d'autres peuvent encourager une surconsommation. Cela souligne l'importance des influenceurs en tant que modèles de comportement responsable.

En conclusion, l'influence des influenceurs sur les choix de consommation des jeunes est un phénomène répandu sur Tik-Tok et d'autres plateformes similaires. Bien que cela puisse offrir des opportunités de découverte de nouveaux produits, il est crucial de promouvoir une consommation consciente et informée, tout en encourageant une compréhension critique de l'impact potentiel des messages promotionnels en ligne.

2.4.3   Impact sur les valeurs et les attitudes

L'impact des influenceurs sur les valeurs et les attitudes des jeunes est un aspect essentiel de leur influence culturelle et sociale. Voici quelques points à prendre en compte :

Transmission de valeurs : Les influenceurs, en partageant leur vie quotidienne, leurs opinions et leurs expériences, peuvent contribuer à la transmission de valeurs spécifiques. Cela peut inclure des valeurs telles que la réussite matérielle, l'individualisme, la tolérance, l'inclusivité, etc.

Création de tendances : Les influenceurs sur TikTok peuvent jouer un rôle clé dans la création et la propagation de tendances culturelles. Leurs choix de mode, de langage et de comportement peuvent influencer les jeunes qui cherchent à suivre ces tendances pour être à la pointe de la culture.

Formation d'opinions : Les influenceurs ne se limitent pas seulement à promouvoir des produits, mais peuvent également partager leurs opinions sur des questions sociales, politiques ou culturelles. Ces opinions peuvent avoir un impact sur la manière dont les jeunes forment leurs propres opinions et perspectives.

Pression sociale : Les valeurs et les attitudes promues par les influenceurs peuvent créer une pression sociale sur les jeunes pour qu'ils se conforment à ces normes. Cela peut entraîner un besoin de validation et d'acceptation au sein de la communauté en ligne.

Éducation informelle : Les jeunes peuvent apprendre de manière informelle à travers le contenu des influenceurs. Cela peut être une source d'éducation sur des sujets variés, mais il est important de reconnaître que cette éducation peut être biaisée et sélective.

Conformité aux normes sociales : Les influenceurs contribuent à la construction des normes sociales en définissant ce qui est considéré comme populaire, attrayant ou acceptable.

Les jeunes peuvent être influencés à adopter des comportements conformes à ces normes.

Responsabilité des influenceurs : Les influenceurs ont une responsabilité envers leur public, en particulier s'ils ont une grande portée auprès des jeunes. Certains peuvent utiliser leur plateforme de manière positive en promouvant des valeurs telles que la diversité, l'inclusion, la durabilité, tandis que d'autres peuvent véhiculer des valeurs moins constructives.

En résumé, les influenceurs sur TikTok exercent une influence significative sur les valeurs et les attitudes des jeunes. Il est crucial que les jeunes développent une pensée critique pour évaluer ces influences, et que les parents, les éducateurs et les créateurs de contenu eux-mêmes reconnaissent l'impact potentiel sur la formation des valeurs et des attitudes des générations futures.

2.4.4   Risques de manipulation

Il est important de noter que l'influence des influenceurs sur les jeunes peut parfois être manipulatrice. Certains influenceurs peuvent promouvoir des produits ou des idées dans le seul but de gagner de l'argent ou d'obtenir plus de followers. Les jeunes doivent être conscients de ces risques et être en mesure de faire la distinction entre un contenu authentique et un contenu manipulé.

la manipulation est un risque réel associé à l'influence des influenceurs, et il est crucial que les jeunes soient conscients de ces pratiques. La manipulation peut prendre plusieurs formes :

Objectif financier : Certains influenceurs peuvent être

motivés principalement par des gains financiers plutôt que par l'authenticité de leur contenu. La promotion excessive de produits ou services peut être le résultat de partenariats commerciaux, et les jeunes doivent être capables de reconnaître quand un influenceur agit dans son propre intérêt financier.

Manque de transparence : Certains influenceurs peuvent ne pas être transparents quant à leurs partenariats commerciaux ou aux produits qu'ils reçoivent gratuitement. Cela peut rendre difficile pour les jeunes de discerner entre le contenu authentique et le contenu sponsorisé.

Pression des marques : Les influenceurs peuvent ressentir une pression de la part des marques pour promouvoir leurs produits de manière positive, même s'ils ne les utilisent pas réellement. Cette dynamique peut conduire à une représentation déformée de la réalité.

Fausse image de la vie quotidienne : Certains influenceurs présentent délibérément une version édulcorée ou embellie de leur vie quotidienne, créant ainsi des attentes irréalistes chez leurs abonnés, en particulier les jeunes.

Pressions psychologiques : La constante exposition à des images idéalisées peut avoir des effets psychologiques sur les jeunes, contribuant à l'anxiété, à la baisse de l'estime de soi et à la comparaison sociale.

2.4.5 Éducation et sensibilisation

L'éducation et la sensibilisation sont en effet des éléments clés pour atténuer les effets négatifs de l'influence des influenceurs sur les jeunes. Voici quelques stratégies et considérations importantes :

Programmes scolaires et ateliers : Intégrer des programmes éducatifs dans les écoles pour sensibiliser les jeunes aux stratégies de marketing utilisées par les influenceurs, aux médias sociaux et à la manière de développer un esprit critique face au contenu en ligne.

Formation à la pensée critique : Enseigner aux jeunes à évaluer de manière critique les messages en ligne, à remettre en question les motivations derrière les recommandations des influenceurs, et à comprendre les distinctions entre le contenu authentique et le contenu promotionnel.

Sensibilisation des parents : Informer les parents sur le rôle des influenceurs et les inciter à discuter régulièrement avec leurs enfants de leur utilisation des médias sociaux. Les parents peuvent être des guides importants pour aider les jeunes à naviguer de manière responsable en ligne.

Collaboration avec les plateformes : Encourager les plateformes de médias sociaux à mettre en œuvre des fonctionnalités éducatives, telles que des avertissements sur le contenu sponsorisé et des informations sur les pratiques publicitaires.

Promotion de la littératie médiatique : Intégrer la littératie médiatique dans les programmes éducatifs pour aider les jeunes à comprendre les différentes formes de médias, à analyser les messages médiatiques et à développer des compétences critiques nécessaires à l'ère numérique.

Échanges avec des experts : Organiser des sessions où des experts en psychologie, en médias et en marketing peuvent partager leurs connaissances avec les jeunes, les éducateurs et les parents sur l'impact potentiel de l'influence des influenceurs.

Promotion de modèles positifs : Mettre en lumière des influenceurs qui promeuvent des valeurs positives et responsables, encourageant ainsi les jeunes à s'identifier à des modèles de comportement sain.

Création d'une communauté éducative : Favoriser la communication ouverte entre les jeunes, les éducateurs, les parents et les experts pour créer une communauté éducative où les expériences et les connaissances peuvent être partagées.

Encouragement à l'autonomie : Aider les jeunes à développer leur autonomie en matière de consommation médiatique, en les guidant pour qu'ils puissent prendre des décisions éclairées par eux-mêmes.

En combinant ces approches, il est possible de créer un environnement où les jeunes sont mieux équipés pour naviguer de manière critique à travers l'influence des médias sociaux, tout en bénéficiant des aspects positifs de ces plateformes. L'éducation et la sensibilisation sont des outils puissants pour autonomiser les jeunes face à l'influence en ligne et les préparer à prendre des décisions informées.

2.4.6 Encourager la créativité et l'expression individuelle

Encourager la créativité et l'expression individuelle est une approche constructive pour aider les jeunes à naviguer sur des plateformes comme TikTok. Voici pourquoi cela est important et comment cela peut être encouragé :

Développement de compétences créatives : Encourager les jeunes à créer leur propre contenu favorise le développement de compétences créatives telles que la pensée innovante, la résolution de problèmes et l'expression artistique.

Valorisation de l'originalité : Plutôt que de suivre simplement les tendances populaires, les jeunes sont encouragés à être originaux et à trouver leur propre voix. Cela favorise la valorisation de l'individualité et de la diversité d'expression.

Confiance en soi : La création et le partage de contenu original peuvent renforcer la confiance en soi des jeunes, car cela les amène à reconnaître et à célébrer leurs propres compétences et talents.

Éducation aux médias : Lorsque les jeunes sont impliqués dans la création de contenu, ils développent une compréhension plus profonde des médias sociaux, y compris des aspects tels que la création de contenu, la gestion de la vie privée et la navigation responsable en ligne.

Diversité de perspectives : Encourager la créativité contribue à une diversité de perspectives sur les plateformes de médias sociaux. Cela enrichit l'expérience en ligne en exposant les utilisateurs à une variété de contenus et de points de vue.

Filtrage de l'influence négative : En développant leur propre créativité, les jeunes peuvent être moins susceptibles d'être influencés de manière négative par des contenus potentiellement manipulateurs ou peu authentiques.

Pour encourager la créativité et l'expression individuelle sur TikTok et d'autres plateformes similaires, les parents, les éducateurs et les créateurs de contenu peuvent mettre en œuvre les actions suivantes :

Fournir des ressources éducatives : Donner aux jeunes

des conseils et des ressources sur la création de contenu, le montage vidéo, et les bonnes pratiques en ligne.

Soutenir les passions individuelles : Encourager les jeunes à explorer et à partager leurs passions, que ce soit dans les domaines de la musique, de la danse, du cinéma, de l'art ou d'autres formes d'expression.

Promouvoir un environnement positif : Créer un environnement en ligne positif où les jeunes se sentent soutenus et valorisés pour leur créativité, encourageant ainsi la gentillesse en ligne.

Partager des histoires inspirantes : Mettre en avant des histoires d'autres jeunes qui ont trouvé le succès en partageant leur contenu original, soulignant ainsi l'importance de la diversité et de l'authenticité.

Favoriser la collaboration : Encourager les jeunes à collaborer avec d'autres créateurs pour stimuler l'échange d'idées et inspirer de nouvelles formes d'expression.

2.4.7   Responsabilité des influenceurs

Les influenceurs sur TikTok ont également une responsabilité envers leur public jeune. Ils doivent être conscients de l'impact qu'ils ont sur les jeunes et veiller à promouvoir des valeurs positives et des comportements sains. Les influenceurs doivent être transparents quant à leurs partenariats avec des marques et éviter de promouvoir des produits ou des idées dangereuses pour les jeunes.

En conclusion, les influenceurs sur TikTok ont une influence significative sur les jeunes utilisateurs de la plateforme. Leur popularité et leur capacité à créer du contenu attrayant les rendent extrêmement influents. Il est important de sensibiliser les jeunes aux risques potentiels de l'influence des influenceurs et de les encourager à développer leur propre créativité et à s'exprimer de manière authentique. Les influenceurs eux-mêmes ont également une responsabilité envers leur public jeune et doivent veiller à promouvoir des valeurs positives et des comportements sains.

Chapitre 3

La viralité sur TikTok

Dans ce chapitre, nous plongerons au cœur des mécanismes de viralité qui font de TikTok une plateforme incontournable pour la création et le partage de vidéos. Nous examinerons en détail l'algorithme de TikTok, les tendances émergentes, et les éléments clés qui contribuent à la viralité d'une vidéo. En explorant comment devenir viral, nous détaillerons des stratégies efficaces, telles que la création de contenu original, le suivi des tendances, et la collaboration avec d'autres créateurs.

Ce chapitre se penche également sur l'impact profond des vidéos virales sur les utilisateurs, en examinant comment ces contenus influencent les émotions, les comportements, et même les valeurs des spectateurs. Nous aborderons les conséquences de la viralité, y compris l'influence sur l'estime de soi, l'effet de la comparaison sociale, et l'impact global sur la créativité et la société. Enfin, nous discuterons de l'importance cruciale de la modération dans le contexte des vidéos virales sur TikTok.

3.1 Les mécanismes de viralité sur Tik-Tok

TikTok est devenu une plateforme incontournable pour la création et le partage de vidéos virales. Des millions d'utilisateurs du monde entier se connectent chaque jour pour découvrir du contenu divertissant et créatif. Mais quels sont les mécanismes qui permettent à une vidéo de devenir virale sur TikTok ? Dans cette section, nous explorerons les différents éléments qui contribuent à la viralité sur cette plateforme.

3.1.1 L'algorithme de TikTok

l'algorithme de TikTok est un élément central de la plateforme qui contribue largement à la viralité du contenu [1]. Voici quelques points clés sur son fonctionnement :

Analyse du comportement utilisateur : L'algorithme de TikTok utilise des techniques d'apprentissage automatique pour analyser le comportement des utilisateurs. Il prend en compte les interactions passées, les préférences de visionnage, les likes, les partages, les commentaires et d'autres signaux pour comprendre les intérêts individuels.

Recommandations personnalisées : Basé sur cette analyse, l'algorithme génère des recommandations de contenu personnalisées pour chaque utilisateur. Il vise à présenter des vidéos qui correspondent aux goûts et aux préférences spécifiques de chaque utilisateur.

---

1. L'algorithme TikTok expliqué, comment faire le buzz en 2023 : https ://blog.hootsuite.com/tiktok-algorithm/

Facteurs de viralité : Les vidéos qui suscitent un engagement élevé ont plus de chances d'être diffusées à un public plus large. Les facteurs tels que le nombre de vues, les likes, les commentaires et la durée de visualisation contribuent à déterminer la popularité d'une vidéo[2].

Découverte de nouveaux créateurs : L'algorithme de TikTok favorise la découverte de nouveaux créateurs en proposant du contenu varié, même à des utilisateurs qui ne suivent pas encore ces créateurs. Cela contribue à la diversité du contenu sur la plateforme.

Importance du temps passé : Le temps passé à regarder une vidéo est un indicateur clé de l'intérêt de l'utilisateur. Les vidéos qui captivent les spectateurs et les incitent à rester sur la plateforme sont favorisées par l'algorithme.

Tendance et défis : TikTok met en avant des tendances et des défis, et les vidéos qui participent à ces tendances ont souvent plus de visibilité. L'algorithme identifie les tendances émergentes et les présente à un public plus large.

Évolution constante : L'algorithme de TikTok est continuellement ajusté et amélioré pour s'adapter aux changements de comportement des utilisateurs et pour maintenir l'engagement sur la plateforme.

Il est important de noter que bien que l'algorithme de TikTok soit un outil puissant pour la découverte de contenu, il peut également être critiqué pour créer une bulle de filtres, où les utilisateurs peuvent être exposés à un contenu limité

---

2. How Does TikTok's Algorithm Work in 2023 ? : https ://help.later.com/hc/en-us/articles/360053594793-Schedule-Publish-TikTok-Posts

basé sur leurs préférences existantes. Les créateurs de contenu doivent donc comprendre le fonctionnement de l'algorithme pour maximiser leur visibilité, tandis que les utilisateurs doivent rester conscients de l'influence de l'algorithme sur leur expérience de TikTok.

La particularité de TikTok réside dans sa capacité à toucher des centaines de milliers de personnes avec une vidéo devenue virale, même si vous n'êtes pas du tout connu. Cela s'explique par l'« **interest graph** », une innovation majeure introduite par l'algorithme de TikTok. Pour que cela fonctionne, la vidéo doit répondre aux codes et tendances de la plateforme et potentiellement intéresser beaucoup de personnes.

La vidéo sera alors recommandée à des milliers de personnes, même si elles ne vous connaissent pas. C'est pourquoi des milliers de créateurs se lancent chaque jour sur TikTok dans l'espoir de devenir viraux. Cette dynamique explique également pourquoi des plateformes comme YouTube et Instagram ajustent leurs algorithmes pour pousser la diffusion des Réels et Shorts en les recommandant à des personnes qui pourraient être intéressées.

3.1.2 Les tendances et les défis

Les tendances et les défis[3] sont des éléments clés de la viralité sur TikTok. Les utilisateurs sont constamment à la recherche de nouveaux défis et de nouvelles tendances auxquels participer. Lorsqu'une vidéo est associée à une tendance populaire, elle a plus de chances d'être partagée et de devenir

---

3. Le défi "Renegade", une danse créée par la jeune danseuse Charli D'Amelio, a été vue plus de 2 milliards de fois !

virale. Les défis créatifs encouragent également les utilisateurs
à reproduire des mouvements ou des scénarios spécifiques, ce
qui peut contribuer à la viralité d'une vidéo.

Voici quelques points supplémentaires pour mettre en lumière l'impact significatif de ces éléments sur la dynamique de
la plateforme :

Création d'une culture participative : Les tendances
et les défis créent une culture participative où les utilisateurs
ne sont pas simplement des spectateurs, mais des participants
actifs. Cela favorise un fort sentiment d'engagement et d'appartenance à la communauté.

Renouvellement constant du contenu : Les tendances
et les défis renouvellent constamment le contenu sur TikTok,
empêchant la plateforme de devenir monotone. Les utilisateurs
sont toujours à l'affût de la prochaine grande tendance, ce qui
contribue à la variété du contenu.

Élargissement de l'audience : Les vidéos associées à
des tendances populaires ont la possibilité d'atteindre un public plus large. Les utilisateurs qui ne suivent pas nécessairement un créateur spécifique peuvent être exposés à son contenu
grâce à une tendance virale.

Encouragement de la créativité : Les défis créatifs encouragent les utilisateurs à repousser les limites de leur créativité. Cela peut stimuler l'innovation et inspirer de nouvelles
façons de créer du contenu.

Influence sur la musique : Les tendances sur TikTok ont
un impact significatif sur l'industrie musicale. Des chansons
deviennent virales grâce à leur association avec des tendances
ou des défis, propulsant certains artistes vers la notoriété.

Rôle des influenceurs : Les influenceurs sur TikTok jouent souvent un rôle majeur dans la promotion et la participation aux tendances et aux défis. Leurs nombreuses interactions avec ces éléments peuvent influencer leurs abonnés à y participer également.

Connectivité entre les générations : Les tendances sur TikTok ont souvent un attrait intergénérationnel, rapprochant différents groupes d'âge autour de contenus et de défis populaires.

Émergence de mèmes : Certains défis et tendances peuvent donner naissance à des mèmes Internet, qui sont ensuite partagés et adaptés à d'autres plateformes en ligne.

En somme, les tendances et les défis sur TikTok ne sont pas seulement des éléments de divertissement, mais ils sont au cœur de la façon dont le contenu est créé, partagé et consommé sur la plateforme. Ils reflètent la nature dynamique et participative de TikTok en tant que communauté virtuelle.

3.1.3   La créativité et l'originalité

La créativité et l'originalité sont des éléments essentiels pour se démarquer sur TikTok. Les utilisateurs sont constamment à la recherche de contenus uniques et innovants. Les vidéos qui proposent des idées originales, des montages créatifs ou des concepts uniques ont plus de chances d'attirer l'attention et de devenir virales. La capacité à surprendre et à divertir les utilisateurs est un facteur clé de la viralité sur TikTok. CEpendant, quelques points doivent être mis au clair :

Saturation du contenu : Avec une abondance de contenu

sur TikTok, la créativité devient un moyen crucial de se distinguer. Les utilisateurs sont plus enclins à partager des vidéos qui se démarquent de la masse.

Tendance à la découverte : Les vidéos originales ont plus de chances d'être repérées par l'algorithme de TikTok, car elles peuvent contribuer à la diversité du contenu sur la plateforme. Cela peut conduire à une plus grande visibilité et à une audience élargie.

Réactions positives des utilisateurs : Les utilisateurs de TikTok apprécient souvent les vidéos qui apportent quelque chose de nouveau, de surprenant ou d'amusant. Les réactions positives des utilisateurs, exprimées par des likes, des commentaires et des partages, contribuent à la viralité d'une vidéo.

Tendance à l'imitation : Les vidéos créatives et originales peuvent inspirer d'autres utilisateurs à créer leur propre contenu, ce qui peut entraîner une cascade de créativité autour d'un concept innovant.

Attrait pour la nouveauté : La plateforme TikTok a une culture axée sur la nouveauté et la découverte constante de contenus frais. Les utilisateurs sont plus susceptibles de s'engager avec des vidéos qui offrent quelque chose d'inattendu.

Impact sur les tendances : Les vidéos particulièrement créatives peuvent elles-mêmes devenir des tendances, influençant ainsi la manière dont d'autres créateurs interagissent avec ce concept.

Adaptation aux formats TikTok : Comprendre les formats spécifiques de TikTok et les utiliser de manière innovante peut également contribuer à l'originalité. Des utilisations créatives de la musique, des effets spéciaux et des transitions peuvent captiver l'attention.

Favoriser l'engagement : Les vidéos créatives incitent souvent les utilisateurs à s'engager davantage en réagissant, en commentant et en partageant. Cela renforce la visibilité de la vidéo et sa probabilité de devenir virale.

En somme, sur TikTok, où l'attention est souvent capturée en quelques secondes, la créativité et l'originalité sont des atouts majeurs pour capter l'attention des utilisateurs et créer un contenu qui se démarque dans un océan de vidéos. La capacité à innover et à offrir quelque chose d'unique joue un rôle crucial dans le succès sur cette plateforme.

3.1.4   La participation de la communauté

La participation de la communauté est un autre aspect important de la viralité sur TikTok. Lorsqu'une vidéo suscite des réactions et des commentaires de la part des utilisateurs, elle a plus de chances d'être partagée et de se propager rapidement. Les vidéos qui encouragent l'interaction et la participation des utilisateurs, que ce soit par des questions, des défis ou des invitations à créer du contenu similaire, ont plus de chances de devenir virales.

Voici pourquoi cette interaction est si importante :

Engagement accru : Les vidéos qui incitent à l'interaction suscitent un engagement plus fort. Lorsque les utilisateurs commentent, partagent ou aiment une vidéo, cela envoie des signaux positifs à l'algorithme de TikTok, augmentant ainsi la visibilité de la vidéo.

Création d'une dynamique de communauté : La participation encourage la création d'une dynamique de communauté où les utilisateurs se sentent connectés les uns aux autres. Cette connexion favorise le partage et la diffusion du contenu au sein de la communauté.

Effet boule de neige : Lorsqu'une vidéo génère des commentaires et des réactions, elle peut déclencher un effet boule de neige, incitant d'autres utilisateurs à participer et à réagir également. Cela peut contribuer à une propagation rapide de la vidéo.

Création de contenus générés par les utilisateurs (UGC) : Les vidéos qui encouragent les utilisateurs à créer du contenu similaire ou à répondre à un défi spécifique peuvent générer une grande quantité de contenus générés par les utilisateurs. Ces contributions augmentent la portée de la tendance.

Établissement de tendances : La participation active des utilisateurs peut contribuer à l'établissement de tendances. Lorsque de nombreux utilisateurs participent à un défi ou à une tendance spécifique, cela peut rapidement devenir populaire et être largement adopté.

Stimulation de la créativité collective : La participation de la communauté stimule la créativité collective. Les utilisateurs s'inspirent les uns des autres, créant ainsi un environnement dynamique où de nouvelles idées émergent constamment.

Favoriser l'authenticité : Les commentaires et les réactions apportent une touche d'authenticité à une vidéo. Les utilisateurs peuvent exprimer leurs opinions, partager des expériences similaires et créer une connexion plus profonde avec le créateur.

Interaction avec les créateurs : Les créateurs qui interagissent activement avec leur communauté, répondant aux commentaires et participant aux tendances, sont souvent mieux positionnés pour créer du contenu viral.

En somme, la participation de la communauté va au-delà de la simple visualisation d'une vidéo. Elle crée une expérience interactive et sociale, renforçant ainsi la visibilité et la viralité du contenu sur TikTok. Les vidéos qui inspirent une communauté active à interagir ont un potentiel significativement plus élevé de devenir virales.

3.1.5   La durée et le format des vidéos

La durée et le format des vidéos jouent également un rôle dans la viralité sur TikTok. La plateforme encourage les vidéos courtes, généralement de 15 à 60 secondes. Ce format court permet aux utilisateurs de consommer rapidement du contenu et de passer d'une vidéo à l'autre. Les vidéos qui parviennent à captiver l'attention des utilisateurs dès les premières secondes ont plus de chances d'être regardées jusqu'à la fin et de devenir virales.

Voici pourquoi le format court est crucial sur cette plateforme :

Consommation rapide : Les vidéos courtes s'alignent sur la nature rapide et dynamique de TikTok. Les utilisateurs peuvent consommer rapidement plusieurs vidéos en peu de temps, ce qui encourage la découverte constante de nouveau contenu.

Capacité d'attention limitée : Dans un monde où l'attention est souvent fragmentée, les vidéos courtes sont plus susceptibles de captiver l'audience dès le début. Cela augmente la probabilité que les utilisateurs regardent la vidéo dans son intégralité.

Facilité de partage : Les vidéos courtes sont plus faciles à partager sur d'autres plateformes et à intégrer dans d'autres contenus. Cela favorise une diffusion plus large et contribue à la viralité.

Format adapté aux tendances et aux défis : Les formats courts sont particulièrement adaptés aux tendances et aux défis, car ils permettent aux utilisateurs de participer rapidement et de manière ludique.

Création de contenu succinct et percutant : Le format court nécessite une approche concise et percutante, encourageant les créateurs à aller droit au but et à présenter leur message de manière efficace.

Meilleure rétention d'attention : Les vidéos courtes ont une meilleure rétention d'attention, car elles sont moins susceptibles de perdre l'intérêt de l'utilisateur pendant une période prolongée.

Stimulation de la créativité : La contrainte de temps incite les créateurs à être plus créatifs dans la manière dont ils présentent leurs idées, ce qui peut conduire à des concepts innovants et mémorables.

Adaptation aux habitudes de consommation mobile : Les utilisateurs de TikTok sont souvent sur des appareils mobiles, et les vidéos courtes s'alignent bien avec les habitudes de consommation de contenu sur ces appareils.

En résumé, le format court sur TikTok n'est pas seulement

une contrainte technique, mais plutôt une caractéristique fondamentale qui influence la manière dont le contenu est créé, consommé et partagé. Les créateurs qui comprennent comment maximiser l'impact dans ces courtes fenêtres de temps ont généralement plus de succès en matière de viralité.

3.1.6   La diffusion sur d'autres plateformes

La diffusion d'une vidéo TikTok sur d'autres plateformes sociales peut également contribuer à sa viralité. Les utilisateurs partagent souvent leurs vidéos TikTok sur des plateformes telles que Instagram, Twitter ou YouTube, ce qui leur permet d'atteindre un public plus large. Lorsqu'une vidéo devient virale sur une plateforme, elle a plus de chances d'être repérée et partagée sur d'autres plateformes, augmentant ainsi sa visibilité et sa viralité.

En conclusion, la viralité sur TikTok repose sur plusieurs mécanismes, tels que l'algorithme de la plateforme, les tendances et les défis, la créativité et l'originalité, la participation de la communauté, la durée et le format des vidéos, ainsi que la diffusion sur d'autres plateformes. Comprendre ces mécanismes peut aider les utilisateurs à maximiser leurs chances de devenir viraux sur TikTok. Cependant, il est important de noter que la viralité n'est pas garantie et dépend également de nombreux autres facteurs tels que la chance et la pertinence du contenu.

3.2 Comment devient-t-on viral ?

TikTok s'est affirmé comme une plateforme incontournable pour ceux aspirant à la viralité et à une visibilité mondiale. Avec des milliards d'utilisateurs actifs mensuels, elle offre une opportunité unique de propulser son contenu créatif au-devant de la scène. Toutefois, devenir viral sur TikTok est un défi qui requiert une connaissance approfondie de la plateforme et l'application de stratégies efficaces. Dans cette section, nous explorerons en détail les stratégies cruciales pour accroître vos chances de devenir viral sur TikTok :

3.3 Comment devient-t-on viral ?

TikTok s'est affirmé comme une plateforme incontournable pour ceux aspirant à la viralité et à une visibilité mondiale. Avec des milliards d'utilisateurs actifs mensuels, elle offre une opportunité unique de propulser son contenu créatif au-devant de la scène. Toutefois, devenir viral sur TikTok est un défi qui requiert une connaissance approfondie de la plateforme et l'application de stratégies efficaces. Dans cette section, nous explorerons en détail les stratégies cruciales pour accroître les chances de devenir viral sur TikTok :

Originalité et Engagement : La première stratégie incontournable est l'originalité et l'engagement. Pour se démarquer dans l'océan de vidéos en constante expansion, il est impératif de créer du contenu qui ne se contente pas de suivre les tendances, mais qui les crée ? Les utilisateurs de TikTok, avides de nouveauté, sont attirés par des vidéos qui captivent leur attention dès les premières secondes et qui offrent quelque chose d'unique.

Répondre aux Attentes de l'Audience : Répondre aux attentes de l'audience constitue une autre clé du succès. Cela nécessite une analyse minutieuse des tendances populaires, des sujets d'actualité et des préférences de votre public cible. En s'adaptant constamment à ces éléments changeants, les créateurs peuvent maintenir la pertinence de leur contenu et répondre aux attentes de leur audience.

Créativité Sans Limite : La créativité sans limite est également essentielle. TikTok offre une variété d'outils créatifs, des effets spéciaux aux transitions fluides, permettant aux créateurs d'explorer de nouvelles façons d'exprimer leurs idées. L'expérimentation avec ces techniques peut contribuer à renforcer l'impact émotionnel et visuel des vidéos.

Sortir des sentiers battus est un conseil audacieux mais crucial. La viralité souvent provient de l'innovation, de la surprise, et de la rupture avec les normes établies. Les créateurs qui osent proposer quelque chose d'inattendu ont plus de chances d'attirer un public captivé.

Expérimenter avec des techniques créatives, tels que les effets spéciaux et les transitions, peut renforcer l'impact de vos vidéos.

Sortir des Sentiers Battus : Sortir des sentiers battus est un conseil audacieux mais crucial. La viralité souvent provient de l'innovation, de la surprise, et de la rupture avec les normes établies. Les créateurs qui osent proposer quelque chose d'inattendu ont plus de chances d'attirer un public captivé.

Utilisation Stratégique des Effets et Transitions :
L'utilisation stratégique des effets spéciaux et des transitions
est une tactique subtile mais puissante. Ces éléments visuels
peuvent transformer une vidéo ordinaire en une expérience
captivante, améliorant ainsi sa partageabilité et sa mémorabi-
lité.

Expérimentation Continue : L'expérimentation continue est un principe fondamental. Les créateurs doivent rester
flexibles, prêts à ajuster leur approche en fonction des réactions de leur audience. Ce processus itératif permet d'affiner
progressivement la stratégie de contenu pour maximiser son
impact.

Cohérence dans la Création : La cohérence dans la
création est également cruciale. Une cadence régulière de publication maintient l'intérêt continu de l'audience et contribue
à développer une communauté fidèle.

S'Aligner avec les Tendances Actuelles : S'aligner
avec les tendances actuelles est une stratégie souvent sous-
estimée. Intégrer de manière créative les tendances populaires
et utiliser des hashtags pertinents peut non seulement accroître
la visibilité d'une vidéo, mais aussi renforcer son lien avec la
communauté TikTok.

Intégrer de manière créative les tendances populaires de la
plateforme et utiliser des hashtags pertinents peut augmenter
la visibilité de vos vidéos.

Interaction avec l'Audience : L'interaction avec l'audience joue un rôle clé. Poser des questions, inviter les commentaires et répondre activement aux retours crée un lien direct avec le public, favorisant ainsi une communauté engagée

et interactive.

Analyse des Performances : Enfin, l'analyse des performances est une étape incontournable. Utiliser les statistiques de TikTok pour comprendre ce qui fonctionne le mieux permet d'ajuster constamment la stratégie, assurant ainsi une adaptation continue à l'évolution des préférences de l'audience.

En somme, la quête de la viralité sur TikTok est une aventure qui nécessite à la fois créativité, compréhension de la plateforme et une dose de courage pour innover. En suivant ces stratégies, les créateurs peuvent non seulement augmenter leurs chances de devenir viral sur TikTok, mais aussi contribuer activement à la "tiktokisation" en constante évolution de la société contemporaine.

3.3.1   Créer un contenu original et engageant

La première étape cruciale pour atteindre la viralité sur TikTok repose sur la création d'un contenu à la fois original et engageant. Cette stratégie constitue le fondement même du succès sur cette plateforme dynamique. Les utilisateurs de TikTok, constamment en quête de nouveauté, sont attirés par des vidéos qui se distinguent par leur singularité et leur capacité à capter l'attention.

Se Distinguer par l'Originalité : Pour se démarquer dans le flux incessant de vidéos, il est impératif de proposer du contenu qui va au-delà des conventions. Les créateurs doivent éviter les clichés et les formats trop souvent utilisés, optant plutôt pour des idées qui étonnent et captivent instantanément.

Répondre aux Attentes de l'Audience : Une compréhension approfondie des tendances émergentes et des préférences de l'audience est essentielle. Les créateurs doivent être à l'affût des nouvelles tendances, s'y adapter, et éventuellement les réinventer de manière originale.

Créativité Débordante : L'utilisation judicieuse des outils créatifs de TikTok, tels que les effets spéciaux et les transitions fluides, offre une opportunité unique d'injecter une dose supplémentaire de créativité dans chaque vidéo. Cela permet de créer une expérience visuelle immersive et mémorable.

Expérimentation et Innovation : Oser expérimenter et sortir des sentiers battus sont des éléments clés de cette stratégie. Les créateurs sont encouragés à explorer de nouvelles idées, à tester des concepts novateurs, et à prendre des risques calculés pour surprendre agréablement leur audience.

Captiver l'Attention dès les Premières Secondes : La première impression est cruciale sur TikTok, où les utilisateurs ont une durée d'attention limitée. Ainsi, les créateurs doivent s'assurer que leur contenu attire instantanément l'attention, incitant les spectateurs à rester et à s'engager.

En somme, la création d'un contenu original et engageant constitue le socle sur lequel repose la possibilité de devenir viral sur TikTok. Cette stratégie demande une constante adaptation aux attentes changeantes de l'audience, ainsi qu'une volonté d'explorer de nouveaux horizons créatifs pour susciter l'enthousiasme et l'engagement.

3.3.2   Suivre les tendances et les défis

Une tactique incontournable pour accroître sa visibilité et devenir viral sur TikTok consiste à suivre de près les tendances émergentes ainsi que les défis populaires qui foisonnent sur la plateforme. TikTok s'est forgé une réputation pour ses défis viraux qui se propagent rapidement à travers la communauté, offrant une opportunité unique de s'insérer dans la sphère virale. Voici comment tirer parti de cette stratégie :

S'Aligner avec les Tendances Actuelles : Restez constamment informé des dernières tendances sur TikTok. Que ce soit une nouvelle danse, une chanson à la mode, ou un défi particulier, intégrez ces éléments dans votre contenu pour rester pertinent et attirer l'attention des utilisateurs qui recherchent des vidéos à la pointe de la popularité.

Participation Active aux Défis : Les défis TikTok sont un moyen dynamique et interactif de participer à la communauté. En relevant ces défis, vous augmentez considérablement vos chances d'être découvert par un public plus large. L'utilisation judicieuse des hashtags associés à ces défis renforce encore davantage la visibilité de votre contenu.

Créativité dans la Participation : Bien que suivre les tendances soit important, la clé réside dans la manière dont vous vous engagez avec elles. Ajoutez une touche personnelle, une créativité distinctive qui distingue votre contribution des autres. Cette approche permet non seulement de participer à la tendance, mais aussi de se démarquer au sein de cette tendance.

Utilisation Pertinente des Hashtags : Les hashtags

sont des outils puissants sur TikTok. Utilisez les hashtags pertinents liés aux tendances et aux défis pour augmenter la visibilité de votre vidéo. Cela permet à votre contenu d'être découvert par des utilisateurs qui explorent spécifiquement ces catégories populaires.

Réactivité et Rapidité : Les tendances sur TikTok évoluent rapidement. Être réactif et rapide pour intégrer les dernières tendances dans votre contenu vous permet de capitaliser sur leur popularité avant qu'elles ne perdent de l'élan.

En intégrant cette stratégie à votre approche, vous vous insérez de manière organique dans la dynamique de TikTok, capitalisant sur la viralité inhérente aux tendances et aux défis. Cette participation active renforce votre connexion avec la communauté et augmente significativement vos opportunités de devenir viral sur la plateforme.

3.3.3   Utiliser les hashtags pertinents

Les hashtags occupent une place centrale dans la quête de la viralité sur TikTok, agissant comme des passerelles vers la découverte de contenu spécifique et facilitant l'engagement au sein de la communauté. Intégrer judicieusement les hashtags pertinents constitue une stratégie incontournable pour accroître la visibilité de votre contenu et stimuler son potentiel viral. Voici comment exploiter cette stratégie de manière efficace :

Recherche des Hashtags Pertinents : Effectuez des recherches approfondies pour identifier les hashtags les plus populaires et pertinents dans votre créneau. Comprenez les tendances émergentes et les sujets chauds de votre communauté, puis sélectionnez des hashtags qui reflètent au mieux l'esprit de votre contenu.

Utilisation Judicieuse dans vos Vidéos : Une fois que vous avez identifié les hashtags pertinents, intégrez-les de manière stratégique dans le contenu de vos vidéos. Placez-les dans la légende de la vidéo ou ajoutez-les visuellement à la vidéo elle-même. Assurez-vous que leur utilisation est naturelle et cohérente avec le thème de votre création.

Création de Hashtags Uniques : En plus d'utiliser des hashtags populaires, envisagez la création de hashtags uniques associés à votre contenu. Ces hashtags spécifiques peuvent devenir votre marque distinctive sur TikTok et encourager l'engagement des utilisateurs qui découvrent votre contenu à travers ces créations originales.

Diversification des Hashtags : N'utilisez pas uniquement des hashtags très populaires, mais diversifiez également avec des hashtags de niche. Cela permet d'atteindre des communautés plus spécifiques tout en maximisant la visibilité globale de votre vidéo.

Suivi des Tendances de Hashtags : Comme les tendances sur TikTok évoluent rapidement, il est essentiel de rester à jour avec les hashtags populaires du moment. Ajustez vos hashtags en fonction des tendances en cours pour maximiser la pertinence de votre contenu.

Encouragement à l'Interaction : Invitez votre audience à utiliser les mêmes hashtags lorsqu'elle réagit ou recrée votre contenu. Cela favorise une communauté engagée et étend la portée de vos vidéos à travers le réseau TikTok.

En adoptant une approche stratégique de l'utilisation des hashtags, vous optimisez la visibilité de votre contenu sur Tik-Tok. Cette stratégie, lorsqu'elle est bien exécutée, augmente significativement vos chances de devenir viral en élargissant votre audience potentielle et en facilitant la découverte de votre contenu par des utilisateurs partageant les mêmes intérêts.

3.3.4   Collaborer avec d'autres créateurs

La collaboration avec d'autres créateurs représente une stratégie puissante pour étendre votre visibilité sur TikTok. En unissant vos forces avec des créateurs partageant des intérêts similaires ou disposant d'une audience plus vaste, vous avez l'opportunité d'atteindre un public plus large et de renforcer votre crédibilité au sein de la communauté. Voici comment tirer parti de cette stratégie de manière efficace :

Choix de Partenaires Pertinents : Sélectionnez soigneusement vos partenaires de collaboration en recherchant des créateurs dont le contenu est complémentaire au vôtre. Optez pour des partenaires qui partagent des valeurs similaires et qui s'adressent à une audience qui pourrait être intéressée par votre contenu.

Types de Collaborations : Explorez divers types de collaborations, tels que les duos, les réactions, ou les vidéos conjointes. Choisir le format approprié dépend du style de votre contenu et de celui de votre partenaire. Assurez-vous que la collaboration est fluide et que les synergies entre les deux créateurs sont évidentes.

Élargissement de l'Audience : La collaboration offre une opportunité unique d'atteindre les abonnés de votre partenaire, élargissant ainsi votre audience potentielle. Cela peut conduire à une augmentation significative du nombre de followers et à une meilleure visibilité de vos vidéos.

Partage de l'Audience : En collaborant, vous bénéficiez non seulement de l'audience de votre partenaire, mais vous partagez également la vôtre avec eux. Cette réciprocité peut renforcer les relations au sein de la communauté et favoriser une croissance mutuelle.

Promotion Croisée : Utilisez les légendes et les descriptions pour promouvoir les comptes de chacun et encourager les utilisateurs à suivre les deux créateurs. Une promotion croisée bien exécutée renforce la crédibilité et augmente la probabilité d'une interaction positive de la part des spectateurs.

Communication et Planification : Avant de lancer une collaboration, assurez-vous de communiquer clairement avec votre partenaire sur les objectifs de la vidéo, le ton, et toute autre considération importante. Une planification préalable contribue à une exécution harmonieuse de la collaboration.

En adoptant la collaboration comme une stratégie, vous transformez la concurrence potentielle en une opportunité de croissance mutuelle. Cette approche stratégique sur TikTok permet de renforcer votre présence dans la communauté, de maximiser la portée de votre contenu, et de créer des partenariats fructueux avec d'autres créateurs.

3.3.5   Interagir avec votre audience

L'interaction dynamique avec votre audience constitue une stratégie fondamentale pour accroître votre visibilité et votre potentiel de viralité sur TikTok. En cultivant des relations authentiques avec vos followers, vous créez un lien fort et fidèle qui peut catalyser la propagation de votre contenu. Voici comment intégrer cette stratégie de manière efficace :

Répondre aux Commentaires : Prenez le temps de répondre aux commentaires laissés sur vos vidéos. Cela montre à votre audience que vous appréciez leur engagement et que vous êtes présent pour établir une connexion directe avec eux.

Engagement dans des Conversations : N'hésitez pas à engager des conversations avec votre audience. Posez des questions dans vos vidéos, sollicitez des retours d'opinions, et encouragez les spectateurs à partager leurs expériences. Cette interaction bidirectionnelle renforce le sentiment de communauté.

Remerciements pour le Soutien : Exprimez votre gratitude envers vos followers pour leur soutien continu. Utilisez des vidéos dédiées ou des légendes pour montrer votre reconnaissance envers votre audience. Cela crée un sentiment d'appréciation mutuelle.

Stimulation du Partage : Encouragez activement vos followers à partager votre contenu s'ils l'apprécient. Expliquez comment ils peuvent le faire et soulignez l'impact positif que cela a sur la croissance de la communauté. Le partage généré par l'audience peut amplifier la portée de vos vidéos.

Création d'un Lien Fidèle : L'interaction fréquente construit un lien fidèle entre vous et votre audience. Lorsque les followers se sentent connectés à un créateur, ils sont plus enclins à soutenir activement le contenu, à le commenter, et à le partager avec d'autres.

Utilisation des Fonctionnalités d'Interaction : Exploitez les fonctionnalités d'interaction de TikTok, telles que les questions et les sondages, pour encourager la participation. Ces outils créent une expérience interactive qui favorise l'engagement des utilisateurs.

Surveillance et Réactivité : Restez attentif aux réactions et aux tendances émergentes au sein de votre audience. Soyez réactif aux commentaires positifs, mais aussi aux préoccupations ou aux suggestions, démontrant ainsi votre engagement envers l'amélioration continue.

En investissant dans l'interaction authentique avec votre audience, vous créez un écosystème où le soutien mutuel et l'engagement dynamique prospèrent. Cette stratégie renforce non seulement votre présence sur TikTok, mais elle contribue également à créer une communauté solide et impliquée qui peut catalyser la viralité de votre contenu.

3.3.6 Promouvoir votre contenu sur d'autres plateformes

L'expansion de votre visibilité sur TikTok peut être considérablement renforcée en promouvant activement votre contenu sur d'autres plateformes sociales. En partageant vos vidéos TikTok sur des réseaux tels qu'Instagram, Facebook, Twitter et d'autres, vous accédez à des publics différents et augmentez vos chances de devenir viral. Voici comment intégrer cette stratégie de manière efficace :

Partage Multiplateforme : Partagez régulièrement vos vidéos TikTok sur vos profils d'autres réseaux sociaux. Cette stratégie vous permet de toucher des audiences qui peuvent ne pas être présentes sur TikTok mais qui pourraient être intéressées par votre contenu.

Utilisation de Miniatures Attrayantes : Lorsque vous partagez des extraits ou des liens de vos vidéos TikTok, assurez-vous d'utiliser des miniatures attrayantes. Celles-ci doivent susciter l'intérêt des utilisateurs et les inciter à cliquer pour visionner la vidéo complète sur TikTok.

Engagement Actif sur D'autres Plateformes : Ne vous limitez pas à simplement partager des liens. Soyez actif et engagez-vous sur les autres plateformes en répondant aux commentaires, en posant des questions, et en créant une présence interactive. Cela peut inciter les utilisateurs à vous suivre également sur TikTok.

Création de Contenu Exclusif : En plus de partager des extraits, envisagez de créer du contenu exclusif pour chaque plateforme. Cela motive votre public à vous suivre sur plusieurs plateformes pour ne pas manquer votre contenu unique.

Utilisation de Hashtags Transversaux : Assurez-vous d'utiliser des hashtags transversaux qui sont pertinents sur différentes plateformes. Cela facilite la recherche de votre contenu et renforce la cohérence de votre présence en ligne.

Collaborations Interplateformes : Explorez des collaborations avec des créateurs d'autres plateformes. Cela peut élargir votre audience de manière significative, car vous bénéficiez de l'exposition auprès de leurs followers.

Mesure de l'Impact : Utilisez des outils d'analyse sur chaque plateforme pour mesurer l'impact de votre stratégie de promotion croisée. Cela vous permet d'ajuster votre approche en fonction des réponses de l'audience.

En adoptant cette stratégie, vous maximisez votre portée en exploitant la diversité des audiences présentes sur différentes plateformes sociales. La promotion croisée contribue non seulement à accroître votre visibilité sur TikTok, mais elle crée également une présence multiplateforme robuste qui peut catalyser la viralité de votre contenu.

Être cohérent et persévérant Pour atteindre la viralité sur TikTok, la cohérence et la persévérance sont des éléments cruciaux. En publiant régulièrement du contenu de qualité et en maintenant votre engagement, vous maximisez vos opportunités de captiver un public plus large. Voici comment intégrer cette stratégie de manière efficace :

Publication Régulière de Contenu de Qualité : Établissez un calendrier de publication cohérent. Publiez régulièrement du contenu de qualité pour maintenir l'intérêt de votre audience. La fréquence des publications peut varier, mais la clé est d'être constant dans votre présence sur la plateforme.

Persistance Face à l'Imprévisibilité de la Viralité : Comprenez que la viralité sur TikTok peut être imprévisible. Ne soyez pas découragé si vos premières vidéos ne connaissent pas un succès massif. La persistance est essentielle, et souvent, la viralité peut survenir de manière inattendue.

Apprentissage Continu et Adaptation : Apprenez continuellement de l'analyse des performances de vos vidéos. Comprenez ce qui fonctionne bien et ce qui peut être amélioré. Soyez prêt à ajuster votre stratégie en fonction des réactions de votre audience.

Création d'une Signature Cohérente : Développez une signature cohérente dans votre style et votre contenu. Cela permet à votre audience de reconnaître rapidement vos vidéos et renforce votre présence en tant que créateur distinctif sur TikTok.

Maintien de l'Engagement avec l'Audience : Gardez une interaction active avec votre audience. Répondez aux commentaires, posez des questions, et montrez que vous appréciez le soutien. Un créateur engagé crée une communauté plus fidèle.

Évolution Créative : Bien que la cohérence soit importante, soyez prêt à évoluer créativement. Expérimentez de nouveaux formats, explorez des sujets différents, et adaptez-vous aux tendances émergentes pour maintenir la fraîcheur de votre contenu.

Mentalité de Long Terme : Adoptez une mentalité de long terme. La viralité peut prendre du temps, mais en restant constant et persévérant, vous bâtissez progressivement une présence solide sur TikTok.

En somme, la cohérence et la persévérance sont des piliers fondamentaux pour devenir viral sur TikTok. Cette stratégie demande une vision à long terme, une adaptation continue, et une détermination à fournir un contenu engageant de manière régulière. En restant fidèle à ces principes, vous augmentez considérablement vos chances de captiver un public plus vaste sur la plateforme.

En conclusion, devenir viral sur TikTok nécessite du temps, de la créativité et une compréhension approfondie de la plateforme. En utilisant les stratégies mentionnées ci-dessus, vous pouvez augmenter vos chances de devenir viral et d'atteindre une audience mondiale. N'oubliez pas de rester fidèle à vous-même, d'expérimenter et de vous amuser tout en créant du contenu sur TikTok.

3.4 L'impact des vidéos virales sur les utilisateurs

Les vidéos virales sur TikTok ont un impact significatif sur les utilisateurs, tant sur le plan émotionnel que comportemental. Lorsqu'une vidéo devient virale, elle est partagée massivement et atteint un large public en peu de temps. Cette viralité peut avoir des conséquences profondes sur les utilisateurs, qu'elles soient positives ou négatives.

3.4.1 L'influence sur les émotions

Les vidéos virales sur TikTok ont le pouvoir d'évoquer une gamme étendue d'émotions chez les utilisateurs, contribuant ainsi à la diversité et à la richesse de l'expérience sur la plateforme. Cette influence émotionnelle peut prendre plusieurs formes, allant du divertissement à la réflexion profonde. Voici comment ces vidéos peuvent affecter les émotions des utilisateurs :

Divertissement et Bonne Humeur : Certaines vidéos virales sont conçues pour être drôles et divertissantes, offrant aux utilisateurs un moment de détente et de joie. Ces contenus légers ont le pouvoir de créer une atmosphère positive, permettant aux utilisateurs de se déconnecter temporairement des soucis quotidiens.

Inspiration et Motivation : D'autres vidéos virales sont axées sur l'inspiration et la motivation. Elles racontent des histoires inspirantes, mettent en lumière des réussites personnelles, et encouragent les utilisateurs à poursuivre leurs rêves. Ces contenus positifs peuvent avoir un impact stimulant sur l'état d'esprit des utilisateurs.

Impacts Négatifs Potentiels : Il est crucial de reconnaître que les vidéos virales ne sont pas toujours associées à des émotions positives. Certains contenus peuvent être choquants ou dérangeants, suscitant des réactions négatives et contribuant à l'anxiété ou au stress chez les utilisateurs.

Comparaison Sociale : La viralité peut intensifier le phénomène de comparaison sociale. Les utilisateurs peuvent se mesurer à des normes souvent idéalisées par les vidéos virales, ce qui peut entraîner des sentiments d'insécurité et de faible estime de soi.

Diversité des Réponses Émotionnelles : Chaque utilisateur réagit de manière unique aux vidéos virales en fonction de sa personnalité, de son état émotionnel et de son vécu. Ainsi, la diversité des contenus viraux permet une diversité tout aussi grande dans les réponses émotionnelles des utilisateurs.

Il est impératif que les créateurs et les utilisateurs reconnaissent la responsabilité associée à la création et à la consommation de contenu viral. Les créateurs peuvent jouer un rôle positif en privilégiant des contenus qui contribuent à une atmosphère bienveillante, tout en encourageant les utilisateurs à une consommation consciente et émotionnellement saine du contenu viral.

Cependant, il est important de noter que les vidéos virales peuvent également avoir un impact négatif sur les émotions des utilisateurs. Certaines vidéos peuvent être choquantes ou dérangeantes, ce qui peut provoquer de l'anxiété ou du stress chez les utilisateurs. De plus, la comparaison sociale peut être exacerbée par les vidéos virales, ce qui peut entraîner des sentiments d'insécurité et de faible estime de soi chez certains utilisateurs.

3.4.2 L'influence sur les comportements

Les vidéos virales sur TikTok ne se contentent pas seulement de susciter des émotions, elles ont également le pouvoir d'influencer les comportements des utilisateurs, créant ainsi des tendances et des phénomènes sociaux. Voici comment ces vidéos peuvent façonner les actions des utilisateurs :

Imitation des Actions et Comportements : Lorsqu'une vidéo devient virale, elle a souvent le potentiel d'inspirer l'imitation. Les utilisateurs peuvent être incités à reproduire des actions, des danses, des défis, ou d'autres comportements présentés dans la vidéo virale. Cela contribue à la propagation rapide de tendances sur la plateforme.

Création de Tendances et de Défis : Les vidéos virales sont souvent à l'origine de tendances et de défis qui se propagent à travers la communauté TikTok. Les utilisateurs, enthousiasmés par la popularité de certains contenus, cherchent à participer et à contribuer à ces phénomènes sociaux.

Renforcement des Normes Culturelles et Sociales : Les vidéos virales peuvent contribuer au renforcement des normes culturelles et sociales au sein de la communauté TikTok. Des expressions artistiques aux comportements quotidiens, la viralité peut contribuer à définir et à redéfinir les normes acceptées par la communauté.

Impact sur les Industries et les Tendances Extérieures : Les vidéos virales peuvent également avoir un impact au-delà de la plateforme TikTok. Des chansons à des produits spécifiques, la viralité peut influencer les tendances dans les industries créatives et commerciales, créant un effet boule de neige sur d'autres plateformes et dans le monde réel.

Évolution Rapide des Tendances : La nature dynamique de TikTok, combinée à la rapidité avec laquelle les vidéos peuvent devenir virales, contribue à une évolution constante des tendances. Les utilisateurs sont constamment exposés à de nouveaux comportements et sont incités à participer à la création culturelle de la plateforme.

Responsabilité des Créateurs : Les créateurs de contenu ont une responsabilité importante dans la façon dont leurs vidéos influencent les comportements. La création de contenu positif et inclusif contribue à une communauté saine et engageante.

Il est essentiel de reconnaître l'impact potentiel des vidéos virales sur les comportements des utilisateurs. Cette prise de conscience favorise une utilisation consciente de la plateforme, encourageant des tendances positives et inclusives. Les créateurs et les utilisateurs jouent un rôle clé dans la création d'une communauté TikTok épanouissante et respectueuse.

En plus de façonner les comportements et les tendances, les vidéos virales sur TikTok ont un impact significatif sur les décisions d'achat des utilisateurs. Lorsqu'une vidéo met en avant un produit ou une marque, elle peut déclencher un intérêt immédiat et inciter les utilisateurs à prendre des mesures concrètes. Voici comment cette influence sur les décisions d'achat se manifeste :

Promotion de Produits et de Marques : Les vidéos virales servent souvent de plateforme de promotion pour les produits et les marques. Des démonstrations de produits aux témoignages, les créateurs de contenu utilisent la viralité pour exposer leurs recommandations à un large public.

Création d'un Impact Émotionnel : Les vidéos virales ont le pouvoir de créer un impact émotionnel, et lorsque cette émotion est associée à un produit spécifique, elle peut influencer positivement les décisions d'achat. Des vidéos décrivant une expérience positive avec un produit peuvent inciter les utilisateurs à explorer davantage.

Effet de Bouche-à-Oreille Numérique : La viralité sur TikTok crée un effet de bouche-à-oreille numérique. Lorsqu'un produit devient viral, les utilisateurs sont plus enclins à partager leurs expériences et à recommander le produit à d'autres, amplifiant ainsi son impact potentiel sur les décisions d'achat.

Accès Direct aux Informations Produits : Les vidéos virales peuvent inclure des liens directs vers des sites d'achat, facilitant l'accès des utilisateurs aux informations détaillées sur un produit. Cette facilité d'accès augmente la probabilité que les utilisateurs passent à l'acte d'achat.

Stratégie de Marketing pour les Marques et les Influenceurs : Les marques et les influenceurs capitalisent sur cette influence en intégrant des stratégies de marketing dans leurs vidéos. Des partenariats avec des créateurs de contenu influents peuvent considérablement étendre la portée d'une campagne publicitaire.

Tendance du Shopping Social : TikTok s'engage de plus en plus dans le shopping social, permettant aux utilisateurs d'acheter des produits directement à partir de la plateforme. Les vidéos virales contribuent à cette tendance en facilitant le processus d'achat directement depuis le contenu.

Évaluation Sociale des Produits : Les utilisateurs peuvent évaluer un produit non seulement en fonction de ses caractéristiques, mais aussi en fonction de son acceptation sociale. Si un produit est présenté dans une vidéo virale avec enthousiasme, cela peut renforcer sa perception positive et influencer les décisions d'achat.

En conclusion, les vidéos virales sur TikTok sont devenues un canal puissant pour influencer les décisions d'achat. Cette convergence entre le divertissement, le contenu créatif et le marketing transforme la manière dont les utilisateurs découvrent, évaluent et acquièrent des produits. Les marques et les créateurs de contenu tirent parti de cette dynamique pour créer des expériences d'achat intégrées et engageantes sur la plateforme.

L'effet de la pression sociale : Les vidéos virales sur L'influence sociale des vidéos virales sur TikTok va au-delà du divertissement, affectant la manière dont les utilisateurs se perçoivent au sein de la communauté. Voici comment l'effet de la pression sociale se manifeste

Conformité aux Normes et Tendances : Lorsqu'une vidéo devient virale, elle peut exercer une pression subtile sur les utilisateurs pour qu'ils se conforment aux normes et aux tendances établies par cette vidéo. La popularité d'une tendance virale peut inciter les utilisateurs à y participer pour ne pas se sentir exclus.

Besoin d'Acceptation et d'Intégration : La viralité crée un environnement où les utilisateurs peuvent ressentir le besoin d'être acceptés et intégrés dans la communauté TikTok. Pour atteindre cet objectif, ils peuvent être amenés à adopter des comportements ou des tendances populaires, même s'ils ne les auraient pas considérés autrement.

Renforcement des Normes Culturelles : Les vidéos virales contribuent au renforcement des normes culturelles au sein de la plateforme. Les utilisateurs peuvent percevoir ces normes comme des indications de ce qui est socialement acceptable, ce qui peut influencer leurs comportements pour correspondre à ces normes.

Impact sur l'Estime de Soi : L'effet de la pression sociale peut également jouer un rôle dans la perception de soi des utilisateurs. Ceux qui ne participent pas aux tendances populaires peuvent ressentir une pression sociale négative, affectant potentiellement leur estime de soi.

Cycle de Conformité : La viralité crée un cycle où les utilisateurs participent à une tendance, la rendent virale à leur tour, et influencent ainsi d'autres utilisateurs à se conformer à cette tendance. Ce cycle continu renforce la pression sociale au fil du temps.

Responsabilité des Créateurs de Contenu : Les créateurs de contenu ont une responsabilité importante dans la manière dont leurs vidéos influencent la pression sociale. En favorisant des tendances positives et inclusives, ils contribuent à la création d'un environnement plus sain.

Conscience de l'Impact Psychologique : Il est essentiel que les utilisateurs soient conscients de l'impact psychologique potentiel de la pression sociale induite par les vidéos virales. La prise de conscience permet une utilisation plus réfléchie de la plateforme.

En résumé, l'effet de la pression sociale engendré par les vidéos virales sur TikTok peut influencer significativement les comportements des utilisateurs. La création d'une culture Tik-Tok positive et respectueuse nécessite une prise de conscience collective de l'impact social et psychologique de la viralité, ainsi que des efforts continus pour promouvoir des tendances et des comportements bénéfiques au sein de la communauté.

Bien que les vidéos virales sur TikTok apportent une connectivité et une créativité, la pression sociale qui en découle peut avoir des répercussions négatives importantes sur les utilisateurs. Voici quelques-unes des conséquences défavorables.

Surcharge de Travail et Stress Accru : La pression sociale pour créer du contenu viral peut entraîner une surcharge de travail significative. Les utilisateurs peuvent se sentir obligés de produire régulièrement des vidéos populaires, entraînant un stress accru lié aux attentes de performance.

Perte d'Authenticité : La pression sociale peut conduire à une perte d'authenticité chez les utilisateurs. Pour répondre aux attentes de la communauté, certains peuvent compromettre leur identité et créer du contenu qui ne reflète pas véritablement leurs valeurs et leurs intérêts.

Besoin Constant d'Approbation : Les utilisateurs soumis à une pression sociale intense peuvent développer un besoin constant d'approbation. La quête perpétuelle de popularité peut avoir des implications sur la santé mentale, car la validation externe devient un facteur déterminant du bien-être.

Impact sur la Santé Mentale : La recherche constante de popularité et la comparaison sociale induite par la pression sociale peuvent avoir un impact négatif sur la santé mentale des utilisateurs. Des sentiments tels que l'anxiété, la dépression et le sentiment d'insuffisance peuvent surgir.

Limitation de la Créativité : La pression pour suivre les tendances peut limiter la créativité des utilisateurs. Plutôt que d'explorer des idées uniques, certains peuvent se sentir contraints de reproduire ce qui fonctionne déjà, réduisant ainsi la diversité du contenu sur la plateforme.

Effet de Bulle et Uniformisation : La pression sociale peut contribuer à la formation d'une "bulle" où les utilisateurs se conforment à des normes étroites, favorisant une uniformisation du contenu. Cela peut réduire la diversité d'expression et d'opinion sur TikTok.

Besoin de Validation Externe : La pression sociale peut renforcer le besoin de validation externe chez les utilisateurs. Cette dépendance à la reconnaissance en ligne peut avoir des conséquences sur l'estime de soi, car la valeur personnelle devient fortement liée à la réception du contenu sur la plateforme.

Il est crucial de reconnaître ces conséquences négatives et

de promouvoir un environnement en ligne qui valorise l'authenticité, la diversité et le bien-être des utilisateurs. Les créateurs de contenu, la plateforme elle-même et les utilisateurs individuels ont un rôle à jouer dans la création d'une culture TikTok positive, équilibrée et respectueuse.

3.4.3 L'Importance de la Modération dans le Contexte des Vidéos Virales sur Tik-Tok

L'impact potentiel des vidéos virales sur les utilisateurs souligne l'importance cruciale de la modération sur les plateformes de médias sociaux, notamment TikTok. Il est essentiel de mettre en place des mesures de modération appropriées pour garantir la sécurité et le bien-être des utilisateurs. Voici pourquoi la modération est un aspect fondamental :

Prévention de Contenu Offensant et Dangereux : La modération permet d'empêcher la diffusion de contenu potentiellement offensant, dangereux ou préjudiciable. Cela crée un environnement en ligne plus sûr et protège les utilisateurs de contenus inappropriés qui pourraient avoir des conséquences négatives sur leur expérience.

Utilisation d'Algorithmes de Détection Automatique : Les plateformes, dont TikTok, peuvent utiliser des algorithmes de détection automatique pour analyser et filtrer le contenu. Ces technologies peuvent identifier rapidement des éléments tels que la violence, le harcèlement ou le contenu inapproprié, contribuant ainsi à une modération proactive.

Encouragement des Signalements Utilisateurs : Les

utilisateurs jouent un rôle clé dans le processus de modération en signalant tout contenu inapproprié qu'ils rencontrent. La modération est renforcée lorsque la communauté est proactive dans le signalement, aidant ainsi les plateformes à intervenir rapidement contre les violations des directives.

Protection de la Communauté : La modération vise à protéger la communauté dans son ensemble. En éliminant rapidement le contenu préjudiciable, elle contribue à créer un environnement où les utilisateurs peuvent interagir de manière positive, favorisant ainsi une culture en ligne saine.

Adaptabilité aux Évolutions des Tendances : La nature dynamique des tendances sur TikTok exige une modération qui évolue également. Les plateformes doivent être capables de s'adapter aux nouvelles tendances et aux formes émergentes de contenu problématique pour maintenir un environnement sûr.

Équilibre Entre Liberté d'Expression et Sécurité : La modération cherche à atteindre un équilibre délicat entre la promotion de la liberté d'expression et la garantie de la sécurité des utilisateurs. Cela implique l'application cohérente des directives tout en respectant la diversité des opinions.

Renforcement de la Confiance des Utilisateurs : Une modération efficace renforce la confiance des utilisateurs dans la plateforme. Les utilisateurs sont plus susceptibles de rester engagés et actifs lorsqu'ils ont confiance en la capacité de la plateforme à maintenir un environnement en ligne positif.

La modération joue un rôle essentiel dans la préservation d'une expérience utilisateur positive sur TikTok. Elle garantit que la viralité ne compromet pas la sécurité ni le bien-être des utilisateurs, favorisant ainsi un environnement en ligne sain et respectueux.

De plus, il est important que les utilisateurs fassent preuve de discernement lorsqu'ils consomment du contenu viral sur TikTok. Il est essentiel de prendre du recul et de réfléchir aux émotions et aux comportements que les vidéos virales peuvent susciter. Les utilisateurs doivent se rappeler qu'ils ont le contrôle de leur propre expérience sur TikTok et qu'ils peuvent choisir de ne pas se conformer aux tendances ou aux comportements qui ne leur conviennent pas.

En conclusion, les vidéos virales sur TikTok ont un impact significatif sur les utilisateurs, tant sur le plan émotionnel que comportemental. Il est important de reconnaître l'influence de ces vidéos et de mettre en place des mesures de modération appropriées pour garantir une expérience positive et sécurisée sur la plateforme. Les utilisateurs doivent également faire preuve de discernement et de réflexion lorsqu'ils consomment du contenu viral, afin de préserver leur bien-être émotionnel et de rester fidèles à eux-mêmes.

3.5 Les conséquences de la viralité sur TikTok

La viralité sur TikTok a un impact considérable sur la société moderne. En effet, cette plateforme de médias sociaux a révolutionné la façon dont les informations, les idées et les tendances se propagent à travers le monde. Cependant, cette viralité a également des conséquences importantes, tant positives que négatives, sur les utilisateurs et la société dans son ensemble.

3.5.1 L'influence sur les comportements et les valeurs

L'une des conséquences les plus évidentes de la viralité sur TikTok est son influence significative sur les comportements et les valeurs des utilisateurs. Les vidéos virales peuvent rapidement façonner les attitudes et les opinions des individus, en particulier des jeunes qui constituent la majorité des utilisateurs actifs de la plateforme. Les tendances virales ont un impact profond sur la manière dont les gens s'habillent, parlent, se comportent et pensent.

Impact Positif : D'un côté, la viralité peut jouer un rôle positif en promouvant des comportements sains et des valeurs positives. Les vidéos virales peuvent encourager l'exercice physique, promouvoir un mode de vie sain, sensibiliser à des causes sociales importantes et inspirer des actions philanthropiques.

Encouragement des Comportements Bienveillants : Certaines tendances virales encouragent les utilisateurs à adopter des comportements bienveillants envers eux-mêmes et envers les autres. Des vidéos inspirantes peuvent promouvoir la gentillesse, la tolérance et l'inclusion, contribuant ainsi à créer une communauté en ligne positive.

Sensibilisation aux Enjeux Sociaux : La viralité sur TikTok offre une plateforme efficace pour sensibiliser aux enjeux sociaux. Des vidéos engagées peuvent attirer l'attention sur des problèmes tels que l'injustice sociale, les problèmes environnementaux et les droits de l'homme, mobilisant ainsi une communauté pour le changement.

Impact Négatif : D'un autre côté, la viralité peut également encourager des comportements potentiellement dangereux, irresponsables ou contre-productifs. Certains défis et tendances virales peuvent avoir des conséquences néfastes sur la sécurité et le bien-être des utilisateurs.

Participation à des Défis Risqués : Certains défis viraux peuvent inciter les utilisateurs à participer à des activités risquées ou dangereuses. Cela soulève des préoccupations quant à la sécurité des utilisateurs, en particulier des plus jeunes, qui peuvent être influencés à prendre des risques inutiles.

Diffusion de Contenus Inappropriés : La viralité peut également conduire à la diffusion de contenus inappropriés. Des vidéos présentant des comportements inadéquats ou des contenus nuisibles peuvent se propager rapidement, affectant négativement la perception et l'influence de la plateforme.

Responsabilité des Créateurs et de la Plateforme : Il est essentiel que les créateurs de contenu et la plateforme elle-même reconnaissent la responsabilité associée à l'impact de la viralité. Encourager des comportements positifs et mettre en place des mesures de modération efficaces sont des éléments clés pour maintenir une communauté saine.

En conclusion, la viralité sur TikTok exerce une influence puissante sur les comportements et les valeurs des utilisateurs. La plateforme, les créateurs de contenu et la communauté ont un rôle important à jouer pour canaliser cette influence de manière positive et responsable, en favorisant des comportements bénéfiques pour la communauté dans son ensemble.

3.5.2   L'impact sur l'estime de soi

La viralité sur TikTok peut exercer un impact significatif sur l'estime de soi des utilisateurs, créant des dynamiques complexes qui influent sur la perception individuelle. Voici comment la viralité peut affecter l'estime de soi :

Normes de Beauté et de Popularité : Les vidéos virales mettent souvent en avant des individus qui correspondent à des normes spécifiques de beauté et de popularité. Cette représentation peut susciter un sentiment d'insécurité chez ceux qui ne se conforment pas à ces normes, créant des complexes d'infériorité.

Pression pour Conformer : La quête de la viralité peut exercer une pression significative pour créer du contenu conforme aux attentes populaires. Cette pression peut conduire à des efforts excessifs pour correspondre à des normes préétablies, augmentant ainsi le stress et l'anxiété.

Validation et Invalidation : La réception du contenu viral devient un indicateur de validation sociale. Les utilisateurs peuvent ressentir une validation significative lorsqu'ils atteignent la viralité, renforçant ainsi positivement leur estime de soi. En revanche, l'absence de popularité peut conduire à une sensation d'invalidation et à une baisse de l'estime de soi.

Anxiété liée à la Popularité : La recherche constante de la popularité peut engendrer de l'anxiété. Les utilisateurs peuvent se sentir obligés de générer un grand nombre de vues, de likes et de commentaires pour maintenir une estime de soi positive, créant ainsi une dépendance à la reconnaissance en ligne.

Comparaison Sociale : La viralité intensifie la comparaison sociale, car les utilisateurs évaluent leur propre valeur en fonction de la popularité relative de leur contenu par rapport à celui des autres. Cela peut entraîner des sentiments d'insuffisance et une détérioration de l'estime de soi.

Responsabilité de la Plateforme : La plateforme a une responsabilité importante dans la gestion de ces dynamiques. En favorisant une culture positive et inclusive, TikTok peut contribuer à atténuer les pressions néfastes sur l'estime de soi des utilisateurs.

Encouragement d'une Estime de Soi Saine : Les créateurs de contenu peuvent également jouer un rôle en encourageant une estime de soi saine. En mettant en avant la diversité, l'authenticité et la positivité, ils contribuent à créer un environnement où chacun peut se sentir valorisé indépendamment de la viralité de son contenu.

En conclusion, la viralité sur TikTok peut influencer profondément l'estime de soi des utilisateurs, créant des défis complexes en matière de bien-être mental. Il est essentiel que la plateforme et les créateurs de contenu travaillent de concert pour promouvoir une culture en ligne qui encourage une estime de soi positive et saine.

3.5.3   L'effet de la comparaison sociale

La viralité sur TikTok peut intensifier l'effet de la comparaison sociale, créant des dynamiques qui influent sur la perception individuelle. Voici comment la viralité contribue à cet effet :

Exposition à des Images Idéalisées : Les vidéos virales mettent en avant des individus qui semblent avoir une vie parfaite, être talentueux ou réussir. Cette exposition constante à des images idéalisées peut susciter un sentiment d'insatisfaction et de jalousie chez ceux qui se comparent à ces normes inatteignables.

Pression pour Conformer aux Normes : La viralité crée une pression sociale pour suivre les tendances et les normes établies par les vidéos virales. Les utilisateurs peuvent se sentir obligés de se conformer à ces normes afin d'être acceptés et appréciés par les autres, même si cela implique de compromettre leur authenticité.

Effet de Conformité Excessive : Cette pression peut conduire à une conformité excessive, où les utilisateurs modifient leur comportement, leur apparence ou leur contenu pour correspondre aux attentes dictées par la viralité. Cela peut entraîner une perte d'authenticité et une adoption de comportements qui ne reflètent pas véritablement la personne derrière l'écran.

Insatisfaction et Jalousie : La comparaison constante avec des contenus viraux peut engendrer un sentiment d'insatisfaction personnelle et de jalousie envers ceux qui semblent être plus réussis ou populaires. Cela peut avoir des implications négatives sur la santé mentale des utilisateurs.

Encouragement d'une Culture Inclusive : La plateforme a un rôle crucial dans la gestion de cet effet. En encourageant une culture inclusive qui valorise la diversité et l'authenticité, TikTok peut atténuer les pressions liées à la comparaison sociale.

Responsabilité des Créateurs de Contenu : Les créateurs de contenu ont également une responsabilité dans la façon dont ils façonnent les normes de la communauté. En promouvant des valeurs positives et en célébrant la diversité, ils contribuent à créer un environnement où chacun se sent accepté et valorisé.

Encouragement de l'Authenticité : Encourager l'authenticité devrait être au cœur de la culture de TikTok. Les utilisateurs devraient se sentir libres d'être eux-mêmes sans craindre un jugement excessif basé sur des normes idéalisées de viralité.

En conclusion, la viralité sur TikTok peut exacerber l'effet de la comparaison sociale. Il est crucial que la plateforme et les créateurs de contenu collaborent pour promouvoir une culture qui célèbre la diversité, encourage l'authenticité et réduit les pressions liées à la conformité aux normes idéalisées.

3.5.4   L'impact sur la créativité

Bien que TikTok soit souvent célébré pour sa créativité, la viralité peut également exercer un impact négatif sur cet aspect, créant des dynamiques qui influent sur la diversité et l'originalité du contenu. Voici comment la viralité peut affecter la créativité des utilisateurs :

Suivi de Schémas et de Formats Préétablis : Les vidéos virales ont souvent tendance à suivre des schémas et des formats spécifiques qui ont déjà prouvé leur popularité.

Cette tendance à reproduire des modèles existants peut limiter la créativité des utilisateurs, les incitant à s'aligner sur des conventions établies plutôt que d'explorer de nouvelles voies.

Pression pour Reproduire des Formats Populaires : La quête de la viralité peut exercer une pression significative sur les utilisateurs pour qu'ils reproduisent des formats déjà populaires. Cette pression peut décourager l'exploration créative et encourager la reproduction sûre de ce qui a déjà fonctionné, limitant ainsi la diversité du contenu.

Limitation de la Diversité Créative : La recherche constante de la viralité peut décourager les utilisateurs de prendre des risques créatifs ou d'explorer de nouvelles idées. Ils peuvent se sentir obligés de se conformer aux attentes populaires, ce qui limite la diversité du contenu et contribue à une uniformisation du style et des thèmes.

Concentration sur la Popularité Plutôt que sur la Créativité : Lorsque la popularité devient le principal objectif, les utilisateurs peuvent se concentrer davantage sur la création de contenu visant à générer des vues et des likes, plutôt que sur l'exploration de concepts créatifs novateurs. Cela peut entraîner une perte d'authenticité artistique.

Encouragement de l'Exploration Créative : La plateforme et les créateurs de contenu ont la responsabilité d'encourager l'exploration créative. En mettant en avant la diversité des styles, des formats et des idées, TikTok peut créer un environnement propice à l'innovation artistique.

Récompense de la Créativité Originale : La création d'un système qui récompense la créativité originale, plutôt que la conformité aux normes établies, peut favoriser une culture où les utilisateurs se sentent libres d'explorer de nouvelles idées sans craindre un impact négatif sur leur visibilité.

En conclusion, bien que TikTok soit une plateforme connue pour sa créativité, la viralité peut parfois entraver cette caractéristique. Il est crucial que la plateforme continue de promouvoir la diversité et l'originalité, tout en réduisant la pression qui encourage la conformité aux formats déjà populaires.

3.5.5   L'impact sur la société

Enfin, la viralité sur TikTok a un impact significatif sur la société dans son ensemble, façonnant l'opinion publique et contribuant à des dynamiques qui peuvent être à la fois bénéfiques et problématiques. Voici comment la viralité peut influencer la société :

Propagation Rapide d'Informations, d'Idees et d'Opinions : Les vidéos virales ont le pouvoir de propager rapidement des informations, des idées et des opinions. Cela peut influencer l'opinion publique sur des sujets importants, contribuant ainsi à la formation de perspectives collectives.

Impact Positif : La viralité peut être un catalyseur positif en permettant la diffusion rapide d'informations utiles, d'initiatives bénéfiques et de messages inspirants. Des sujets importants, tels que des causes sociales ou des campagnes philanthropiques, peuvent gagner en visibilité et mobiliser des communautés.

Risque d'Informations Erronées et d'Opinions Extrêmes : Cependant, la viralité comporte également des risques, notamment la propagation rapide d'informations erronées et d'opinions extrêmes. Les contenus sensationnalistes ou trompeurs peuvent se propager rapidement, influençant négativement la compréhension collective de certains sujets.

Fragmentation de la Société : La viralité peut contribuer à la fragmentation de la société en créant des bulles d'opinions et des communautés en ligne cloisonnées. Les utilisateurs peuvent être exposés principalement à des idées similaires, renforçant ainsi les divisions et les polarisations existantes.

Renforcement des Divisions et des Polarisations : La concentration dans des bulles d'opinions peut renforcer les divisions et les polarisations. Les utilisateurs peuvent avoir des interactions limitées avec des perspectives différentes, ce qui peut entraver le dialogue et la compréhension mutuelle.

Responsabilité de la Plateforme : La plateforme a une responsabilité importante dans la gestion de ces dynamiques. En mettant en place des mécanismes de modération efficaces, en promouvant la diversité des contenus et en encourageant un dialogue constructif, TikTok peut atténuer les effets négatifs de la viralité sur la société.

Éducation des Utilisateurs : L'éducation des utilisateurs sur la manière de consommer et de partager des informations de manière responsable peut contribuer à minimiser les risques liés à la viralité. La promotion de la pensée critique et de la vérification des faits est cruciale.

En conclusion, la viralité sur TikTok a un impact étendu sur la société, avec des implications positives et négatives. Il est essentiel que la plateforme, les créateurs de contenu et les utilisateurs travaillent ensemble pour promouvoir une utilisation responsable de la viralité, favorisant ainsi un impact positif sur la société dans son ensemble.

123

Chapitre 4

TikTok et la politique

Dans ce chapitre, nous plongerons dans l'intersection dynamique entre TikTok et le monde politique. Nous explorerons l'utilisation croissante de TikTok dans les campagnes politiques, examinant son émergence dans le paysage politique, ses avantages, et les défis associés. À travers des exemples concrets, nous illustrerons comment TikTok est devenu un outil incontournable dans la stratégie des campagnes politiques, tout en discutant des perspectives futures de son utilisation.

Nous aborderons également les controverses liées à TikTok et la politique, notamment son influence sur les élections, la désinformation, la collecte de données, et les répercussions sur la démocratie. Nous analyserons l'influence de TikTok sur les opinions politiques, explorant l'engagement politique, la diversité des opinions, la viralité des contenus politiques, et l'influence des influenceurs politiques. Enfin, nous discuterons des défis de la désinformation, des limites de l'influence politique sur TikTok, et de l'avenir de cette influence, y compris son lien potentiel avec le populisme.

4.1 L'utilisation de TikTok dans les campagnes politiques

TikTok, la plateforme de partage de vidéos devenue extrêmement populaire ces dernières années, a également trouvé sa place dans le monde de la politique. Les campagnes politiques ont rapidement compris le potentiel de TikTok pour atteindre et mobiliser les électeurs, en particulier les jeunes. Dans cette section, nous explorerons l'utilisation de TikTok dans les campagnes politiques, son impact sur la politique et les controverses qui l'entourent.

4.1.1 L'émergence de TikTok dans le paysage politique

Au cours des dernières années, TikTok est devenu un outil de communication incontournable pour les politiciens et les partis politiques. Cette plateforme offre une opportunité unique de toucher un large public, en particulier les jeunes électeurs moins engagés dans le processus politique traditionnel. Voici comment TikTok a émergé dans le paysage politique :

Plateforme de Communication Politique : TikTok s'est transformé en une plateforme de communication politique dynamique, permettant aux politiciens de partager leurs messages de manière créative et engageante. Les courtes vidéos captivent l'attention des utilisateurs et offrent une nouvelle forme d'interaction politique.

Partage de Messages et d'Idees : Les politiciens utilisent TikTok pour partager leurs idées, positions et messages de manière concise. Les vidéos peuvent aborder des sujets politiques importants de manière accessible, facilitant la compréhension pour un public plus large.

Interaction avec les Électeurs : TikTok offre une plateforme interactive où les politiciens peuvent interagir directement avec les électeurs. Des fonctionnalités telles que les commentaires, les likes et les partages facilitent un dialogue direct, renforçant ainsi la connexion entre les politiciens et leur public.

Ciblage des Jeunes Électeurs : La nature visuelle et ludique de TikTok attire particulièrement les jeunes électeurs. Les politiciens utilisent la plateforme pour cibler cette audience souvent moins engagée dans les médias traditionnels, élargissant ainsi leur portée et influençant les perspectives futures.

Création de Contenu Créatif : Les politiciens adaptent leur communication au format TikTok en créant du contenu créatif et attrayant. Des danses politiques aux mèmes informatifs, cette adaptation créative contribue à rendre la politique plus accessible et engageante.

Rôle dans les Campagnes Électorales : TikTok joue désormais un rôle crucial dans les campagnes électorales. Les politiciens intègrent la plateforme dans leur stratégie de communication globale, cherchant à maximiser leur visibilité et à mobiliser un large éventail d'électeurs.

Défis et Opportunités : L'utilisation de TikTok dans le paysage politique présente des défis, notamment la nécessité de maintenir l'authenticité et la crédibilité. Cependant, les opportunités offertes par la portée massive de la plateforme surpassent ces défis, ouvrant de nouvelles voies pour l'engagement politique.

En conclusion, TikTok a émergé comme un outil puissant dans le paysage politique, transformant la manière dont les politiciens communiquent et interagissent avec les électeurs. Cette évolution souligne l'importance croissante des médias sociaux dans la sphère politique et l'adaptation constante des stratégies de communication pour atteindre un public diversifié.

4.1.2   Avantages de TikTok dans les campagnes politiques

L'utilisation de TikTok dans les campagnes politiques présente plusieurs avantages significatifs, ouvrant de nouvelles opportunités pour les politiciens et les candidats. Voici quelques-uns de ces avantages :

1. Création de Contenu Authentique et Engageant : TikTok offre une plateforme idéale pour la création de contenu authentique et engageant. Les vidéos courtes permettent aux politiciens de montrer leur personnalité de manière décontractée, établissant ainsi des connexions plus informelles avec les électeurs. Cela contribue à humaniser les candidats et à renforcer la confiance.

2. Portée Mondiale : La portée mondiale de TikTok offre aux politiciens la possibilité de toucher un public bien au-delà de leur circonscription. Cette visibilité élargie permet de partager des messages, des idées et des positions politiques avec un public diversifié, renforçant ainsi l'influence des campagnes.

3. Atteinte des Électeurs Jeunes : TikTok est particulièrement efficace pour atteindre les électeurs plus jeunes. Cette tranche de la population est souvent sous-représentée dans le processus politique traditionnel, mais TikTok offre un espace où les jeunes peuvent s'exprimer. Les politiciens peuvent utiliser la plateforme pour éduquer, mobiliser et encourager les jeunes électeurs à participer activement à la vie politique.Une étude, menée par le Pew Research Center, a révélé que 63 des jeunes électeurs américains ont déclaré qu'ils étaient plus susceptibles de s'intéresser à la politique s'ils voyaient des vidéos TikTok sur des sujets politiques [1].

4. Éducation sur les Enjeux Politiques : Les vidéos sur TikTok peuvent être utilisées pour éduquer les électeurs sur les enjeux politiques de manière concise et accessible. Les politiciens peuvent expliquer leurs positions, déconstruire des sujets complexes et encourager une compréhension plus approfondie des questions politiques importantes.

5. Engagement Actif des Électeurs : TikTok offre des fonctionnalités interactives telles que les commentaires, les likes et les partages, permettant aux politiciens d'engager activement leur public. Cette interaction bidirectionnelle renforce la connexion entre les candidats et les électeurs, favorisant un engagement plus profond et durable.

6. Dynamique Créative et Innovante : La nature créative de TikTok encourage les politiciens à adopter des approches innovantes dans leur communication. Des défis créatifs aux formats uniques, la plateforme offre une variété d'outils

---

1. https ://canadatelecoms.ca/fr/news/les-canadiens-parmi-les-premiers-en-matiere-dutilisation-dinternet-et-de-propriete-de-telephones-intelligents-selon-une-etude-du-pew-research-center/

pour captiver l'attention du public et se démarquer dans un paysage politique souvent saturé.

En conclusion, l'utilisation de TikTok dans les campagnes politiques offre des avantages significatifs en permettant la création de contenu authentique, en élargissant la portée mondiale, en atteignant les électeurs jeunes et en favorisant un engagement actif. Cette évolution reflète la nécessité pour les politiciens de s'adapter aux nouvelles formes de communication pour rester pertinents et connectés avec un public diversifié.

4.1.3   Les défis de l'utilisation de TikTok dans les campagnes politiques

Malgré les avantages potentiels, l'utilisation de TikTok dans les campagnes politiques pose plusieurs défis auxquels les politiciens doivent faire face. Voici certains de ces défis :

1. Concurrence dans un Environnement Divertissant : TikTok est une plateforme dominée par des contenus divertissants et viraux. Les politiciens peuvent avoir du mal à se démarquer et à transmettre des messages politiques complexes dans un format court et ludique. La concurrence pour capter l'attention du public peut être intense.

2. Risque de Désinformation : TikTok a été critiqué pour sa propension à la désinformation et aux contenus trompeurs. Les politiciens utilisant la plateforme risquent d'être associés à des informations erronées qui circulent, ce qui peut nuire à leur crédibilité. La vigilance quant à la véracité des contenus est cruciale.

3. Confidentialité des Données : La question de la

confidentialité des données est un défi majeur. TikTok a été critiqué pour sa collecte de données personnelles et ses liens présumés avec le gouvernement chinois. Les politiciens doivent prendre des mesures pour protéger la vie privée des électeurs et aborder les préoccupations liées à la sécurité des données.

4. Adaptation des Messages Politiques : La nature courte des vidéos sur TikTok peut rendre difficile la transmission de messages politiques complexes. Les politiciens doivent trouver des moyens créatifs et efficaces d'adapter leurs messages aux contraintes de la plateforme tout en préservant la substance de leurs positions politiques.

5. Gestion des Réponses et des Commentaires : Les fonctionnalités interactives de TikTok, telles que les commentaires et les réponses, peuvent être à la fois un avantage et un défi. La gestion des réponses négatives ou hostiles peut être complexe, et les politiciens doivent développer des stratégies pour maintenir un dialogue constructif.

6. Naviguer dans un Paysage en Évolution : Les tendances sur TikTok évoluent rapidement. Les politiciens doivent rester à jour avec la dynamique de la plateforme, ajuster leurs stratégies en fonction des évolutions, et anticiper les changements dans les préférences du public.

En conclusion, bien que TikTok offre des possibilités uniques, les politiciens doivent être conscients des défis liés à la concurrence dans un environnement divertissant, au risque de désinformation, à la confidentialité des données, à l'adaptation des messages, à la gestion des réponses, et à la navigation dans un paysage en évolution constante. Une approche stratégique et réfléchie est nécessaire pour maximiser les avantages tout en atténuant les risques associés à l'utilisation de TikTok dans les campagnes politiques.

4.1.4   exemples d'utilisation de TikTok dans les campagnes politiques

Malgré les défis, de nombreux politiciens ont réussi à tirer parti de TikTok de manière efficace dans leurs campagnes politiques. Voici quelques exemples illustrant l'utilisation réussie de TikTok dans le contexte politique :

1. Élections Présidentielles Américaines de 2020 : Lors des élections présidentielles américaines de 2020, de nombreux candidats ont créé des comptes TikTok pour atteindre le vaste public des jeunes électeurs. Certains ont utilisé la plateforme pour partager des messages politiques clés, tandis que d'autres ont opté pour montrer leur côté plus humain, partageant des moments personnels et établissant ainsi une connexion plus personnelle avec les électeurs.

Kamala Harris, candidate à la vice-présidence américaine, a utilisé TikTok pour partager des vidéos personnelles et humoristiques, notamment une vidéo dans laquelle elle danse sur la chanson "Hit the Quan". Ces vidéos ont permis à Harris de se connecter avec les jeunes électeurs et de se présenter comme une personne accessible et sympathique.

Joe Biden, candidat à la présidence américaine, a utilisé TikTok pour partager des messages politiques clés, notamment une vidéo dans laquelle il s'engageait à lutter contre le changement climatique. Ces vidéos ont permis à Biden de faire connaître ses positions politiques aux électeurs et de se positionner comme un leader fort et déterminé.

2. Élections Municipales en France, 2020 : En France, lors des élections municipales de 2020, certains candidats ont exploité TikTok pour partager leur programme politique de manière créative. La plateforme a été utilisée pour mobiliser spécifiquement les jeunes électeurs, offrant une approche innovante pour transmettre des informations politiques de manière accessible.

Jean-Luc Mélenchon, candidat à la mairie de Paris, a utilisé TikTok pour partager des vidéos dans lesquelles il expliquait son programme politique de manière simple et accessible. Ces vidéos ont permis à Mélenchon de toucher un large public, notamment les jeunes électeurs.

Anne Hidalgo, candidate à la mairie de Paris, a utilisé TikTok pour partager des vidéos dans lesquelles elle visitait des quartiers de Paris et rencontrait des habitants. Ces vidéos ont permis à Hidalgo de se présenter comme une candidate proche des gens et qui comprend les préoccupations des Parisiens.

3. Sensibilisation en Inde : En Inde, TikTok a été utilisé comme un outil puissant pour atteindre les électeurs ruraux et sensibiliser aux enjeux politiques locaux. Des politiciens ont créé du contenu engageant pour expliquer leurs initiatives, partager des histoires locales, et encourager la participation politique au niveau communautaire.

Arvind Kejriwal, chef du gouvernement de Delhi, a utilisé TikTok pour sensibiliser à la pollution de l'air à Delhi. Il a publié des vidéos dans lesquelles il apparaissait portant un masque à gaz pour montrer l'ampleur du problème. Ces vidéos ont permis de sensibiliser l'opinion publique à la pollution de l'air et de mettre la pression sur les autorités pour qu'elles prennent des mesures.

4. Humanisation et Connectivité : Plus largement, TikTok a été utilisé par de nombreux politiciens dans le monde pour humaniser leur image publique. Des vidéos montrant les coulisses de la vie d'un politicien, des moments informels et des aspects personnels ont été partagés pour établir une connexion authentique avec les électeurs.

Barack Obama, ancien président des États-Unis, a utilisé TikTok pour partager des vidéos dans lesquelles il apparaissait avec ses enfants et sa famille. Ces vidéos ont permis à Obama de se montrer sous un jour plus humain et de se connecter avec les électeurs sur un plan personnel.

Justin Trudeau, premier ministre du Canada, a utilisé Tik-Tok pour partager des vidéos dans lesquelles il apparaissait dans des situations informelles, comme en train de jouer à des jeux vidéo ou de cuisiner. Ces vidéos ont permis à Trudeau de se présenter comme une personne accessible et sympathique.

5. Campagnes Thématiques et Sensibilisation : Certains politiciens ont créé des campagnes thématiques sur Tik-Tok pour sensibiliser à des problématiques spécifiques. Des vidéos éducatives, des défis liés à des questions politiques et des messages impactants ont été diffusés pour mobiliser l'opinion publique autour de causes spécifiques.

Les Nations Unies ont utilisé TikTok pour sensibiliser à la crise climatique. Elles ont publié des vidéos dans lesquelles elles expliquaient les causes et les conséquences du changement climatique et encourageaient les gens à agir. Ces vidéos ont permis de sensibiliser un large public à cette problématique importante.

Le mouvement Black Lives Matter a utilisé TikTok pour sensibiliser au racisme et à la violence policière. Il a publié des vidéos dans lesquelles il racontait des histoires de personnes noires victimes de discrimination et encourageait les gens à se mobiliser contre le racisme. Ces vidéos ont permis de faire connaître le mouvement Black Lives Matter à un large public et de mobiliser les gens pour lutter contre le racisme.

En conclusion, ces exemples démontrent la diversité des façons dont TikTok peut être utilisé avec succès dans les campagnes politiques à travers le monde. Des approches créatives, une adaptation aux spécificités de la plateforme, et la compréhension du public cible sont des éléments clés pour maximiser l'efficacité de TikTok dans le contexte politique.

4.1.5 perspectives futures de l'utilisation de TikTok dans les campagnes politiques

L'utilisation de TikTok dans les campagnes politiques est encore relativement nouvelle, et il reste beaucoup à explorer en termes de meilleures pratiques et d'efficacité. À mesure que la plateforme évolue et que de plus en plus de politiciens l'adoptent, il est probable que nous verrons de nouvelles stratégies émerger. Il est également important de surveiller les développements en matière de réglementation et de protection de la vie privée pour garantir que l'utilisation de TikTok dans les campagnes politiques se fait de manière éthique et responsable.

En conclusion, TikTok offre aux politiciens une nouvelle

façon de communiquer avec les électeurs, en particulier les jeunes. Malgré les défis et les controverses, l'utilisation de Tik-Tok dans les campagnes politiques présente de nombreux avantages potentiels. Il est essentiel que les politiciens comprennent les spécificités de la plateforme et prennent des mesures pour protéger la vie privée des électeurs tout en utilisant TikTok de manière efficace et responsable.

4.2 Les controverses liées à TikTok et la politique

TikTok, en tant que plateforme de médias sociaux mondiale, n'a pas échappé aux controverses liées à la politique. Depuis son lancement, l'application a été confrontée à de nombreuses critiques et préoccupations concernant son impact sur la sphère politique. Dans ce chapitre, nous examinerons de plus près les controverses liées à TikTok et la politique.

4.2.1 L'influence de TikTok sur les élections

L'une des principales controverses entourant TikTok et la politique concerne son utilisation dans les campagnes électorales. Les politiciens ont rapidement réalisé le potentiel de Tik-Tok pour atteindre un public jeune et engagé. Cependant, cela a également soulevé des inquiétudes quant à la manipulation de l'opinion publique et à la diffusion de fausses informations.

Utilisation par les Politiciens : Certains politiciens ont adopté TikTok comme moyen de promouvoir leurs idées et leurs programmes. En créant des vidéos virales et en interagissant avec les utilisateurs, ils cherchent à exploiter la portée massive de la plateforme pour toucher un public plus large, en particulier les jeunes électeurs.

Potentiel de Désinformation : Cependant, l'utilisation de TikTok dans les campagnes électorales a ouvert la porte à des préoccupations croissantes concernant la désinformation. Les vidéos trompeuses ou fausses peuvent se propager rapidement, atteignant des millions de personnes en un rien de temps. Cette propagation rapide de l'information soulève des défis en termes de vérification des faits et de contrôle de la diffusion de contenus trompeurs.

Manipulation de l'Opinion Publique : La viralité de TikTok peut être exploitée pour manipuler l'opinion publique. Les politiciens ou groupes d'intérêt peuvent utiliser des tactiques visant à influencer les opinions en créant des contenus spécifiques qui amplifient certains messages ou déforment la réalité. Cela soulève des préoccupations quant à la transparence et à l'intégrité des informations partagées sur la plateforme.

Défis de Vérification des Faits : Le caractère rapide et éphémère des vidéos sur TikTok rend la vérification des faits plus complexe. Contrairement à d'autres plateformes où le contenu peut être plus statique, TikTok propose des vidéos courtes qui peuvent être difficilement traçables, augmentant ainsi les défis liés à la correction rapide des informations erronées.

Réponses et Régulation : Les défis liés à la désinformation sur TikTok ont suscité des appels à une régulation plus stricte. Les plateformes sociales, y compris TikTok, sont incitées à mettre en place des mesures plus robustes pour lutter contre la diffusion de fausses informations et à garantir la transparence des activités politiques sur la plateforme.

En conclusion, bien que TikTok offre un canal potentiellement puissant pour la mobilisation politique, les défis liés à la désinformation et à la manipulation de l'opinion publique soulèvent des questions cruciales sur la responsabilité des politiciens et des plateformes sociales. La recherche de solutions pour garantir des campagnes électorales éthiques et transparentes sur TikTok demeure un enjeu majeur.

4.2.2 La désinformation et les fake news

La propagation rapide d'informations erronées ou trompeuses sur TikTok a suscité des inquiétudes significatives, soulevant des préoccupations quant à la diffusion de fausses informations et à la manipulation de l'opinion publique sur la plateforme.

C'est ainsi qu'en 2020, des vidéos prétendant montrer des violences policières contre des manifestants aux États-Unis ont été largement partagées sur TikTok. Cependant, ces vidéos se sont avérées être des montages ou des vidéos prises dans d'autres contextes.

Viralité et Propagation Rapide : En raison de la nature virale de TikTok, les vidéos peuvent se propager rapidement à travers la plateforme, atteignant un large public en un temps record. Cela crée un environnement propice à la diffusion rapide de contenus, y compris des informations inexactes, des rumeurs [2], ou des fake news.

Challenge de Vérification des Faits : La vérification des faits sur TikTok peut être un défi en raison de la nature éphémère et rapide des vidéos. Contrairement à d'autres plateformes où le contenu peut être statique pendant une plus longue période, TikTok présente des vidéos courtes qui peuvent être plus difficiles à suivre et à vérifier.

De plus, TikTok a été accusé de censurer certains contenus politiques sensibles. Certains utilisateurs ont signalé que leurs vidéos abordant des sujets politiques controversés étaient supprimées ou restreintes par la plateforme. Cela a suscité des inquiétudes quant à la liberté d'expression et à la neutralité de TikTok en matière de politique.

En 2020, une vidéo d'un manifestant noir américain blessé par la police a été supprimée par TikTok. La plateforme a déclaré que la vidéo violait ses politiques sur la violence et le contenu haineux. Cependant, les utilisateurs ont critiqué cette décision, affirmant qu'elle était une forme de censure de la liberté d'expression. La vidéo supprimée montrait McAtee, un restaurateur de Louisville, Kentucky, qui a été tué par la police lors des manifestations contre le racisme et la brutalité policière qui ont suivi la mort de George Floyd. La vidéo montrait McAtee en train de préparer des plats pour les manifestants lorsqu'il a été touché par des tirs de la police.

TikTok a déclaré que la vidéo a été supprimée parce qu'elle violait ses politiques sur la violence et le contenu haineux. La plateforme a déclaré que la vidéo montrait des images gra-

---

2. https ://fr.fashionnetwork.com/news/Sur-tiktok-les-marques-n-echappent-pas-a-la-desinformation,1540628.html

phiques de violence et qu'elle pourrait être interprétée comme une glorification de la violence.

Les utilisateurs ont critiqué la décision de TikTok, affirmant qu'elle était une forme de censure de la liberté d'expression. Ils ont déclaré que la vidéo était importante pour documenter les événements qui se sont déroulés à Louisville et qu'elle devait être partagée avec le public.

En 2021, une vidéo d'un militant pro-palestinien a été supprimée par TikTok. La plateforme a déclaré que la vidéo violait ses politiques sur la haine et la discrimination. Cependant, les utilisateurs ont critiqué cette décision, affirmant qu'elle était une forme de censure du soutien à la Palestine.

En 2022, une vidéo d'un critique du gouvernement chinois a été supprimée par TikTok. La plateforme a déclaré que la vidéo violait ses politiques sur la désinformation. Cependant, les utilisateurs ont critiqué cette décision, affirmant qu'elle était une forme de censure du dissidence politique. La vidéo supprimée montrait Li, un journaliste chinois, critiquant le gouvernement chinois pour sa réponse à la pandémie de COVID-19. La vidéo a été largement partagée sur les réseaux sociaux et a suscité un débat sur la liberté d'expression en Chine.

Cependant, TikTok a nié les allégations de censure. La plateforme a déclaré qu'elle était engagée dans la promotion de la liberté d'expression et que ses politiques étaient conçues pour protéger les utilisateurs contre la violence, la haine et la désinformation.

4.2.3 Collecte de données et vie privée

Une autre controverse majeure liée à TikTok et la politique concerne la collecte de données et la vie privée des utilisateurs[3]. TikTok collecte une quantité considérable de données personnelles sur ses utilisateurs, y compris leurs préférences, leurs habitudes de visionnage et leurs informations de localisation.

TikTok collecte une quantité considérable de données personnelles sur ses utilisateurs. Ces données comprennent : Les informations de profil, telles que le nom, l'adresse e-mail, le numéro de téléphone et la date de naissance.

Les informations de localisation, telles que la position GPS et l'adresse IP.

Les informations sur l'appareil, telles que le modèle de téléphone, le système d'exploitation et la version de l'application Les informations sur l'utilisation de l'application, telles que les vidéos regardées, les comptes suivis et les interactions avec les autres utilisateurs.

Cette collecte extensive de données a suscité des inquiétudes quant à la manière dont ces informations sont utilisées et partagées. Certains utilisateurs craignent que TikTok ne partage ces données avec des tiers, y compris des gouvernements étrangers. Ces préoccupations sont alimentées par des questions liées à la confidentialité et à la sécurité des informations personnelles des utilisateurs.

---

3. Au Canada, TikTok a accepté de payer 2 millions de dollars pour résoudre les allégations selon lesquelles son application aurait violé les droits à la vie privée des utilisateurs. https ://ca.topclassactions.com/privacy/judge-approves-2m-tiktok-data-privacy-class-action-settlement/

Le principales préoccupations concernant la vie privée sur TikTok sont les suivantes :

La sécurité des données : TikTok est une entreprise chinoise, et certains craignent que les données des utilisateurs ne soient pas suffisamment sécurisées et puissent être utilisées par le gouvernement chinois à des fins de surveillance.

La transparence : TikTok n'est pas transparent sur la manière dont il utilise les données des utilisateurs. La plateforme a été critiquée pour ne pas fournir suffisamment d'informations sur ses politiques de confidentialité et sur la manière dont elle partage les données des utilisateurs avec des tiers.

Le consentement des utilisateurs : TikTok recueille des données sur les utilisateurs même s'ils n'ont pas créé de compte. La plateforme a été critiquée pour ne pas obtenir le consentement explicite des utilisateurs avant de collecter leurs données. Cela a suscité des inquiétudes quant à la manière dont ces données sont utilisées et partagées. Certains craignent que TikTok ne partage ces informations avec des tiers, y compris des gouvernements étrangers. Ces préoccupations ont conduit à des appels à une plus grande transparence de la part de TikTok en ce qui concerne sa politique de confidentialité et la protection des données des utilisateurs.

4.2.4   Les répercussions sur la démocratie

TikTok a été accusé de favoriser la polarisation politique en encourageant la diffusion de contenus extrémistes ou partisans. La plateforme utilise un algorithme de recommandation qui recommande aux utilisateurs des vidéos similaires à celles qu'ils ont déjà regardées. Cela peut créer des bulles de filtre dans lesquelles les utilisateurs ne sont exposés qu'à des informations qui confirment leurs opinions existantes.

Cette polarisation politique peut avoir un impact négatif sur la démocratie en rendant plus difficile la communication et la collaboration entre les différents groupes politiques. Elle peut également conduire à une augmentation de la violence politique.

TikTok a également été accusé de favoriser la superficialité et la simplification des problèmes politiques. Les vidéos courtes et le format de divertissement de TikTok peuvent rendre difficile la discussion en profondeur des questions politiques complexes. Cela peut entraîner une compréhension limitée des enjeux politiques et une participation politique moins informée.

Cette superficialité peut avoir un impact négatif sur la démocratie en rendant plus difficile aux citoyens de prendre des décisions éclairées sur des questions politiques importantes. Elle peut également conduire à une augmentation de l'abstention électorale.

En conclusion, TikTok a été confronté à de nombreuses controverses liées à la politique. De l'influence sur les élections à la diffusion de désinformation, en passant par les préoccupations concernant la collecte de données et la vie privée, la plateforme a suscité des inquiétudes quant à son impact sur la sphère politique. Il est essentiel de continuer à examiner de près ces questions et de trouver des solutions pour atténuer les risques potentiels associés à TikTok et la politique.

4.3 L'influence de TikTok sur les opinions politiques

TikTok est devenu une plateforme incontournable pour la diffusion de contenus politiques et l'expression des opinions politiques. Avec des millions d'utilisateurs actifs quotidiennement, TikTok a réussi à créer un espace où les utilisateurs peuvent partager leurs points de vue politiques, discuter de questions d'actualité et même participer à des débats en ligne, mais aussi, Tiktok est devenu un terrain pour le populisme politique.

4.3.1 engagement politique sur TikTok

TikTok a émergé comme une plateforme qui permet à de nombreux utilisateurs de s'engager politiquement de manière créative et dynamique.

Diversité des Formats : Les vidéos politiques sur TikTok peuvent adopter une variété de formats, offrant aux utilisateurs la possibilité de s'exprimer de manière diverse. Des discours passionnés aux parodies humoristiques, la diversité des contenus encourage l'engagement politique à travers différentes perspectives.

Participation Active aux Débats Politiques : Les utilisateurs de TikTok participent activement aux débats politiques en partageant leurs opinions, en réagissant à des événements politiques en cours et en créant du contenu qui suscite la réflexion. La plateforme offre un espace où les discussions politiques peuvent se dérouler de manière accessible et engageante.

Informations sur les Candidats et les Enjeux : Tik-Tok sert également de source d'informations politiques. Les utilisateurs partagent des informations sur les candidats, les enjeux électoraux et les événements politiques actuels. Cela contribue à la sensibilisation politique et à l'éducation des utilisateurs sur les questions importantes.

Créativité et Expressivité : La nature créative de Tik-Tok permet aux utilisateurs d'exprimer leurs opinions de manière visuellement captivante. Les vidéos politiques peuvent utiliser des éléments visuels, de la musique et des effets spéciaux pour renforcer le message, rendant l'engagement politique plus attractif.

Mobilisation des Jeunes Électeurs : TikTok a particulièrement réussi à mobiliser les jeunes électeurs. Les contenus politiques créatifs et la facilité de partage contribuent à encourager la participation politique parmi les utilisateurs plus jeunes, traditionnellement moins impliqués dans le processus politique.

En conclusion, TikTok a élargi le paysage de l'engagement politique en offrant une plateforme où la créativité et l'expression peuvent coexister avec des discussions sérieuses sur des questions politiques. Cependant, cela soulève également des défis en termes de vérification des faits et de gestion de la désinformation dans cet environnement dynamique.

4.3.2   La diversité des opinions politiques

La diversité des opinions politiques sur TikTok contribue à créer un environnement unique par rapport à d'autres plateformes sociales. Contrairement à certaines plateformes où les utilisateurs peuvent être regroupés dans des bulles filtrantes basées sur leurs opinions politiques préexistantes, TikTok offre une véritable diversité d'opinions au sein de sa communauté.

Cette diversité est favorisée par la nature ouverte de Tik-Tok, où les utilisateurs sont encouragés à s'exprimer librement sans être nécessairement catégorisés en fonction de leurs opinions politiques. Cette approche permet non seulement une coexistence pacifique d'idées divergentes, mais elle encourage également les échanges constructifs entre des individus aux perspectives variées.

Cette dynamique contribue à créer un espace où les utilisateurs peuvent être exposés à une gamme étendue de points de vue politiques, ce qui peut enrichir leur compréhension des enjeux sociopolitiques. Elle favorise également une culture de débat et de discussion, où les différences d'opinions sont abordées de manière constructive plutôt que polarisée.

Ainsi, la diversité des opinions politiques sur TikTok joue un rôle essentiel dans la création d'un environnement en ligne plus ouvert, inclusif et propice à un dialogue constructif.

4.3.3   La viralité des contenus politiques

La viralité des contenus politiques sur TikTok est une caractéristique distinctive de la plateforme. La capacité de Tik-Tok à rendre rapidement les contenus viraux permet aux messages politiques de toucher un public étendu en un laps de temps très court. Lorsqu'une vidéo politique devient virale, elle a le potentiel d'atteindre des millions de personnes en quelques heures seulement.

Cette viralité rapide offre une opportunité unique pour les créateurs de contenus politiques de faire entendre leur voix et d'influencer un large éventail d'opinions. Les messages politiques peuvent se propager rapidement à travers la plateforme, générant des discussions, suscitant des réflexions et ayant un impact significatif sur les perceptions et les opinions des utilisateurs.

Cependant, cette viralité rapide comporte également des défis. Elle souligne l'importance de la responsabilité dans la création de contenus politiques, car un message mal interprété ou trompeur peut se propager rapidement, affectant potentiellement la compréhension publique d'un sujet donné.

En résumé, la viralité des contenus politiques sur TikTok offre une puissante plateforme d'expression, permettant aux idées politiques de circuler rapidement et de toucher un public étendu, tout en soulignant la nécessité d'une utilisation responsable de cette influence.

4.3.4 L'influence des influenceurs politiques

L'influence des influenceurs politiques sur TikTok est une composante significative de la diffusion des opinions politiques au sein de la plateforme. Ces utilisateurs populaires, dotés d'une large base d'abonnés, exercent une influence considérable sur leurs followers et peuvent jouer un rôle clé dans la formation des opinions politiques d'un vaste public.

Les influenceurs politiques utilisent TikTok comme un canal pour partager activement leurs points de vue sur des questions politiques clés. Ils créent du contenu engageant, utilisant souvent des éléments visuels attractifs et des stratégies narratives pour rendre leurs messages mémorables et partageables. En mobilisant leur audience autour de certaines causes, ces influenceurs peuvent contribuer à façonner les conversations politiques sur la plateforme.

Voici quelques exemples d'influenceurs politiques sur TikTok :

@politicogauche est un compte français qui diffuse des vidéos sur l'actualité politique française et internationale. Le compte compte plus de 486 000 abonnés.

@lapolitiquedemat est un compte français qui diffuse des vidéos sur des sujets politiques de manière pédagogique et accessible. Le compte compte plus de 61 000 abonnés.

@elisalagauchiste est un compte français qui diffuse des vidéos sur le féminisme et la justice sociale. Le compte compte plus de 24 800 abonnés.

@kessy9319 est un compte français qui diffuse des vidéos sur le racisme et l'égalité. Le compte compte plus de 43 800 abonnés.

Cependant, il est crucial de noter que cette influence peut également être utilisée pour la propagande politique. Certains influenceurs politiques peuvent délibérément orienter l'information pour promouvoir un agenda particulier, influençant ainsi les opinions de manière biaisée. La viralité inhérente à TikTok peut amplifier ces messages, les propageant rapidement à un large public.

La propagande via TikTok souligne l'importance de la pensée critique parmi les utilisateurs de la plateforme. Les utilisateurs doivent être conscients de la possibilité d'une manipulation de l'information et être en mesure d'évaluer de manière critique le contenu politique qu'ils consomment. Cette responsabilité individuelle devient essentielle pour maintenir un dialogue politique éclairé et équilibré sur la plateforme.

4.3.5   Les campagnes politiques sur TikTok

L'intégration de TikTok dans les campagnes politiques révèle une adaptation stratégique des candidats pour s'aligner sur les tendances émergentes et atteindre un segment de la population généralement moins engagé dans les processus politiques traditionnels. Cette plateforme offre un espace où les candidats peuvent transcender la formalité souvent associée à la politique et établir une connexion plus informelle et personnelle avec les électeurs, en particulier les jeunes.

Les vidéos créatives et courtes sur TikTok permettent aux candidats de montrer leur côté authentique, de partager des aspects de leur personnalité qui peuvent ne pas être aussi évidents dans des contextes plus formels. Cette approche contribue à humaniser les politiciens, les rendant plus accessibles et compréhensibles pour un public plus large.

En outre, les fonctionnalités interactives de TikTok, telles que les commentaires, les likes et les partages, permettent aux utilisateurs de s'engager directement avec le contenu politique. Les campagnes peuvent organiser des événements virtuels, des séances de questions-réponses en direct et d'autres initiatives pour stimuler la participation des électeurs de manière interactive.

Cependant, les campagnes politiques sur TikTok ne sont pas sans défis. La plateforme a été critiquée pour sa propension à la désinformation, et la viralité rapide peut parfois conduire à la diffusion de messages politiques non vérifiés. De plus, les préoccupations liées à la vie privée et à la collecte de données sur TikTok soulèvent des questions éthiques auxquelles les candidats doivent être attentifs.

En résumé, l'utilisation de TikTok dans les campagnes politiques représente une nouvelle frontière pour l'engagement électoral, offrant des opportunités uniques tout en présentant des défis qui nécessitent une gestion attentive. L'évolution de cette tendance souligne la nécessité pour les acteurs politiques de rester dynamiques et adaptatifs dans un paysage médiatique en constante évolution.

4.3.6 Les limites de l'influence politique sur TikTok

Malgré son impact significatif sur les opinions politiques, TikTok présente certaines limites quant à son influence politique. Tout d'abord, TikTok demeure une plateforme principalement axée sur le divertissement, et tous les utilisateurs ne sont pas nécessairement intéressés par l'engagement politique. Certains peuvent choisir de ne pas s'impliquer dans les discussions politiques et préférer simplement profiter du contenu divertissant.

Par ailleurs, bien que la viralité des contenus politiques puisse étendre rapidement l'influence d'un message, elle comporte également des risques de polarisation. La nature algorithmique de TikTok a tendance à montrer aux utilisateurs du contenu qui correspond à leurs préférences et opinions existantes. Cela peut créer des bulles d'opinions, où les utilisateurs sont principalement exposés à des idées similaires aux leurs, renforçant ainsi leurs convictions et ignorants les opinions divergentes.

De plus, la brièveté des vidéos sur TikTok peut parfois simplifier les questions politiques complexes, ne permettant pas une discussion approfondie et nuancée. Les utilisateurs peuvent être exposés à des informations tronquées ou à des messages politiques simplistes, ce qui peut influencer leurs opinions de manière superficielle.

En somme, bien que TikTok puisse être un catalyseur puissant pour influencer les opinions politiques, il est important de reconnaître ses limites intrinsèques et de considérer comment elles peuvent façonner la nature de l'engagement politique sur la plateforme.

4.3.7   Les défis de la désinformation

La désinformation politique sur TikTok peut revêtir différentes formes, allant de la diffusion d'informations inexactes à la manipulation de faits pour influencer les opinions des utilisateurs. Voici quelques exemples concrets de défis liés à la désinformation politique sur TikTok :

Manipulation des faits : Certains créateurs de contenu

politiques sur TikTok peuvent déformer ou manipuler des faits pour soutenir leur narrative. Par exemple, une vidéo peut présenter des statistiques tronquées ou décontextualisées pour donner une fausse impression d'une situation politique.

Parodies trompeuses : Les parodies politiques peuvent être utilisées pour véhiculer des messages politiques biaisés de manière humoristique. Cependant, si ces parodies ne sont pas clairement identifiées comme telles, les utilisateurs peuvent les prendre au sérieux, créant ainsi une propagation involontaire de fausses informations.

Informations non vérifiées : En raison de la nature virale de TikTok, des informations politiques non vérifiées peuvent se propager rapidement. Les rumeurs non fondées ou les affirmations sans source peuvent influencer les opinions des utilisateurs avant même qu'une vérification des faits puisse être effectuée.

Usage de clichés et de stéréotypes : Certains contenus politiques peuvent exploiter des clichés ou des stéréotypes pour manipuler les émotions des utilisateurs. Cela peut inclure des vidéos qui présentent des groupes politiques d'une manière caricaturale pour influencer négativement l'opinion publique.

TikTok a mis en place des mesures pour atténuer ces problèmes, y compris des directives strictes sur la désinformation, des algorithmes de détection automatique, et des partenariats avec des organisations de vérification des faits. Cependant, comme sur toutes les plateformes, l'équilibre entre la liberté d'expression et la lutte contre la désinformation reste un défi constant. Les utilisateurs doivent également être éduqués sur la nécessité de vérifier les informations et de remettre en question les contenus politiques douteux.

4.3.8 L'avenir de l'influence politique sur Tik-Tok

La croissance de l'influence politique sur TikTok est indéniable. Les utilisateurs de la plateforme sont de plus en plus enclins à s'engager politiquement en partageant des opinions, des informations et des actions liées à des questions politiques. Les personnalités politiques, les partis et les mouvements sociaux reconnaissent l'importance de TikTok en tant que canal de communication influent, et ils investissent davantage de temps et de ressources pour atteindre un public plus large.

Les utilisateurs de TikTok, principalement constitués de jeunes générations, sont de plus en plus intéressés par les questions politiques et socialement pertinentes. La plateforme offre une manière unique et créative de partager des opinions politiques, encourageant l'engagement par le biais de vidéos, de danses, de défis et de commentaires. L'influence politique sur TikTok est donc susceptible de croître à mesure que la participation des utilisateurs à ces discussions augmente.

Les campagnes politiques reconnaissent le potentiel de TikTok pour atteindre un public plus jeune et diversifié. Les politiciens et les partis politiques déploieront probablement des stratégies de communication spécifiques à TikTok, telles que des campagnes de sensibilisation, des collaborations avec des créateurs de contenu et des messages adaptés au format court et percutant de la plateforme.

Cependant, il est crucial de maintenir un équilibre entre

l'expression des opinions politiques et le maintien d'un environnement respectueux sur TikTok. Les débats politiques peuvent parfois devenir houleux, et il est essentiel de prévenir la désinformation, la haine en ligne et d'autres comportements nuisibles. TikTok, en tant que plateforme, devra continuer à développer des politiques et des outils efficaces pour modérer le contenu politique tout en préservant la liberté d'expression.

En résumé, l'avenir de l'influence politique sur TikTok semble prometteur, avec une croissance continue de l'engagement politique des utilisateurs et une utilisation accrue par les acteurs politiques. Cependant, la plateforme devra naviguer habilement pour maintenir un environnement sain et respectueux, en trouvant un équilibre entre la libre expression et la prévention des abus.

4.3.9   TikTok et Populisme

TikTok, en tant que plateforme de médias sociaux, a également été lié à des phénomènes politiques tels que le populisme.

1. Amplification de Discours Populistes : TikTok, en raison de sa nature virale et de sa capacité à atteindre rapidement un large public, peut potentiellement amplifier les discours populistes. Les utilisateurs peuvent créer du contenu qui résonne avec des idées populistes, utilisant la plateforme pour partager des messages simplifiés qui suscitent une réponse émotionnelle.

2. Facilitation de la Communication Directe : TikTok permet aux personnalités politiques de communiquer directement avec leur public, contournant les canaux traditionnels. Cela peut favoriser des approches populistes en établissant une connexion plus directe entre les leaders politiques et leurs partisans, souvent en mettant l'accent sur la proximité avec "le peuple".

3. Potentiel de Création de Contenu Émotionnel : Les contenus sur TikTok sont souvent axés sur l'émotion, ce qui peut être un terrain propice pour les discours populistes qui s'appuient sur des sentiments d'insatisfaction, d'injustice ou de mécontentement. Les vidéos virales peuvent rapidement mobiliser un grand nombre de personnes autour de ces émotions.

4. Diffusion Rapide d'Icônes Populistes : Des personnalités politiques populistes peuvent rapidement devenir des icônes sur TikTok, attirant l'attention et le soutien d'un large public. La plateforme offre une visibilité rapide, favorisant la diffusion rapide de messages et d'idéologies populistes.

5. Défis en Termes de Désinformation : Cependant, la viralité de TikTok peut également contribuer à la diffusion de désinformation liée à des discours populistes. Des informations inexactes ou trompeuses peuvent se propager rapidement, créant des défis en termes de vérification des faits et de maintien de l'exactitude des informations partagées.

En conclusion, TikTok, en tant que plateforme sociale influente, peut jouer un rôle dans la propagation et l'amplification de discours populistes. Les caractéristiques virales de la plateforme soulèvent des questions sur la responsabilité de la gestion de la désinformation et sur la manière dont les discours populistes peuvent être amplifiés à travers cette plateforme.

Chapitre 5

TikTok et l'économie

Dans ce chapitre captivant, nous explorerons en profondeur la TikTokisation de la société, plongeant dans l'influence phénoménale de TikTok sur divers aspects de nos vies. En examinant comment TikTok a façonné les tendances de consommation, nous analyserons comment les utilisateurs se sont transformés en créateurs de tendances, impactant les industries de la mode, de la beauté, et de la culture populaire.

Nous discuterons également de l'influence croissante de TikTok sur le monde des affaires, avec une mise en lumière sur la manière dont les marques ont adopté la plateforme pour atteindre leur public de manière créative et authentique. Nous explorerons les opportunités et les défis pour les marques dans cette ère de TikTokisation, ainsi que son impact profond sur le commerce en ligne.

Enfin, nous analyserons les tendances de consommation qui ont émergé grâce à TikTok, examinant comment la plateforme a popularisé divers produits et a contribué à l'émergence de micro-entrepreneurs. Ce chapitre dévoile l'impact fascinant de

TikTok sur notre manière de consommer, créant une culture unique qui influence notre société de manière inédite.

5.1 Les opportunités économiques sur TikTok

TikTok est devenu bien plus qu'une simple plateforme de divertissement. Avec des centaines de millions d'utilisateurs actifs chaque jour, cette application a créé de nombreuses opportunités économiques pour les individus et les entreprises du monde entier. Dans cette section, nous explorerons les différentes façons dont TikTok a transformé le paysage économique et comment les utilisateurs peuvent en tirer profit.

5.1.1 Les créateurs de contenu et les revenus publicitaires

L'émergence de TikTok a en effet créé une nouvelle opportunité économique significative, offrant aux utilisateurs talentueux la possibilité de devenir des créateurs de contenu rémunérés. Cette plateforme dynamique permet aux individus de développer une base de fans importante en partageant des vidéos créatives, humoristiques, éducatives ou divertissantes.

L'une des principales façons pour les créateurs de contenu de monétiser leur présence sur TikTok est de collaborer avec des marques. Les marques reconnaissent le potentiel publicitaire de TikTok, en particulier pour atteindre un public jeune et engagé. Cette reconnaissance a conduit à une demande croissante de collaborations avec des créateurs de contenu pour promouvoir des produits ou services.

Les collaborations entre créateurs de contenu et marques sur TikTok prennent diverses formes, notamment des placements de produits organiques dans les vidéos, des défis sponsorisés incitant les utilisateurs à participer à des activités liées à la marque, ou des vidéos promotionnelles spécifiquement créées pour mettre en avant les produits ou services de la marque.

En échange de leur implication, les créateurs de contenu sont rémunérés par les marques. Pour certains créateurs de contenu particulièrement populaires sur TikTok, ces partenariats peuvent se traduire par des revenus considérables, transformant ainsi la création de contenu en une profession à temps plein.

Cependant, il est essentiel de noter que la réussite en tant que créateur de contenu rémunéré sur TikTok ne dépend pas seulement du talent créatif, mais aussi de la capacité à construire et à maintenir une communauté engagée. La confiance des abonnés est cruciale pour établir des partenariats fructueux avec les marques, car elle garantit une audience authentique et réceptive aux messages promotionnels.

En résumé, l'opportunité offerte par TikTok pour devenir un créateur de contenu rémunéré a ouvert de nouvelles perspectives économiques, permettant aux individus talentueux de transformer leur passion pour la création de contenu en une source de revenus significative grâce à des collaborations avec des marques.

5.1.2   Le marketing d'influence

Les influenceurs jouent en effet un rôle central dans l'économie de TikTok, apportant une valeur significative aux marques grâce à leur capacité à influencer et engager leur public. Sur TikTok, les influenceurs sont des utilisateurs qui ont développé une communauté importante et fidèle, ce qui leur confère une autorité et une influence sur les opinions et les comportements de leurs abonnés.

La collaboration entre les influenceurs et les marques sur TikTok s'effectue souvent à travers des partenariats de marketing d'influence. Ces partenariats consistent en la création de contenu sponsorisé dans lequel l'influenceur intègre discrètement ou explicitement les produits ou services de la marque dans ses vidéos. Les marques reconnaissent l'importance de cette forme de publicité, car elle permet d'atteindre un public plus large, de renforcer la confiance des consommateurs et d'associer leurs produits à des personnalités populaires.

Le marketing d'influence sur TikTok est particulièrement efficace en raison de la nature authentique et créative de la plateforme. Les utilisateurs de TikTok apprécient souvent la sincérité des influenceurs, ce qui rend les recommandations de produits plus authentiques et susceptibles d'influencer positivement les décisions d'achat.

Les marques paient généralement les influenceurs pour leur collaboration, que ce soit par un paiement direct ou par le biais de produits gratuits et d'autres avantages. Certains influenceurs sur TikTok ont construit des carrières lucratives grâce à ces partenariats, devenant des acteurs clés de l'économie de la plateforme.

En résumé, le rôle des influenceurs dans l'économie de Tik-Tok est significatif, offrant aux marques une opportunité stratégique de promouvoir leurs produits ou services de manière authentique et engageante. Cette forme de marketing d'influence profite à la fois aux influenceurs, qui peuvent monétiser leur influence, et aux marques, qui bénéficient de la portée et de la crédibilité de ces personnalités.

5.1.3 Les opportunités pour les petites entreprises

TikTok offre une gamme d'opportunités intéressantes pour les petites entreprises, ouvrant la voie à une visibilité accrue et à une connexion avec un public plus large.

Grâce à la nature virale des vidéos sur la plateforme, les petites entreprises peuvent capitaliser sur le potentiel de viralité pour accroître leur visibilité. En créant du contenu créatif et engageant, ces entreprises ont la possibilité de se démarquer dans un environnement où l'originalité est souvent récompensée. Des défis, des tutoriels, des histoires inspirantes ou des aspects uniques de leurs produits ou services peuvent contribuer à attirer l'attention des utilisateurs de TikTok.

Par ailleurs, TikTok propose des fonctionnalités publicitaires spécifiques aux entreprises. Les publicités nativement intégrées dans le flux de vidéos permettent aux petites entreprises de promouvoir leurs produits ou services de manière ciblée. Ces publicités offrent une chance de toucher un public spécifique en fonction de leurs intérêts et de leurs préférences, maximisant ainsi l'efficacité des campagnes publicitaires.

L'utilisation stratégique de ces fonctionnalités publicitaires peut aider les petites entreprises à accroître leur notoriété, à stimuler les ventes et à établir une relation plus étroite avec leur clientèle. La possibilité de cibler des audiences spécifiques contribue à optimiser les ressources publicitaires en les dirigeant vers ceux qui sont les plus susceptibles d'être intéressés par les produits ou services proposés.

TikTok est également devenu un outil de recrutement pour les grandes et moyennes entreprises. Et c'est là-dessus que s'est focalisé **La Redoute** avec un challenge destiné à recruter les modèles de sa prochaine collection. Près de 112 000 participants ont répondu et plus de 255 millions de vidéos ont été vues [1].

En résumé, TikTok offre aux petites entreprises des opportunités uniques d'augmenter leur visibilité grâce à la viralité du contenu et de cibler efficacement leur public grâce aux fonctionnalités publicitaires spécifiques aux entreprises. Ces opportunités permettent aux petites entreprises de rivaliser sur un pied d'égalité avec des acteurs plus importants, créant ainsi un terrain de jeu plus équitable dans le monde du commerce en ligne.

5.1.4 Les opportunités pour l'industrie de la musique

L'industrie de la musique a indéniablement tiré profit des opportunités économiques créées par TikTok. La plateforme

---

1. https ://www.iscpa-ecoles.com/hashtag-challenges-tiktok/

a agi comme un catalyseur pour la découverte musicale et a propulsé de nombreux artistes vers la célébrité.

La viralité des vidéos sur TikTok a permis à de nombreuses chansons de devenir des succès instantanés. Les utilisateurs créent des vidéos en utilisant des extraits de chansons, contribuant ainsi à la popularité de ces morceaux. Cette exposition massive permet aux artistes de toucher un public beaucoup plus large que par les moyens de promotion traditionnels.

Certains artistes ont connu un tel succès sur TikTok qu'ils ont attiré l'attention des maisons de disques. En conséquence, plusieurs artistes émergents ont signé des contrats d'enregistrement, marquant ainsi une évolution significative dans la façon dont l'industrie musicale découvre et promeut de nouveaux talents.

L'artiste américaine Olivia Rodrigo a connu une ascension fulgurante vers la célébrité grâce à TikTok. Sa chanson "Drivers License" est devenue virale sur la plateforme, et elle a depuis signé un contrat avec le label Geffen Records[2]. Un autre exemple est celui du groupe sud-coréen BTS qui a également connu un succès important sur TikTok. Le groupe a utilisé la plateforme pour promouvoir sa musique et ses concerts, et il a amassé une large base de fans sur la plateforme.

TikTok a joué un rôle clé dans la démocratisation de l'accès à la musique en offrant une plateforme où le talent artistique peut être découvert et partagé par un large public. Les barrières traditionnelles à l'entrée dans l'industrie musicale ont été réduites, offrant aux artistes émergents la possibilité de

---

2. https ://www.vogue.fr/culture/article/olivia-rodrigo-choses-a-connaitre-chanteuse

percer sans nécessairement passer par les canaux de promotion traditionnels.

TikTok a radicalement changé la manière dont la musique est découverte et consommée, offrant une opportunité sans précédent aux artistes émergents de se faire connaître et de signer des contrats d'enregistrement grâce à la viralité de leurs chansons sur la plateforme.

En conclusion, TikTok a ouvert de nombreuses opportunités économiques pour les individus et les entreprises. Que ce soit en tant que créateur de contenu, influenceur, petite entreprise ou artiste, TikTok offre une plateforme pour atteindre un public plus large et générer des revenus. Cependant, il est important de noter que la concurrence est féroce sur TikTok et que le succès n'est pas garanti. Il faut du talent, de la créativité et de la persévérance pour réussir sur cette plateforme.

5.2   Les marques et les influenceurs sur TikTok

TikTok est devenu une plateforme incontournable pour les marques et les influenceurs qui cherchent à atteindre un public plus large et à promouvoir leurs produits ou services. Avec des millions d'utilisateurs actifs chaque jour, TikTok offre une opportunité unique de se connecter avec une audience engagée et de créer un impact significatif.

5.2.1   L'essor du marketing d'influence sur Tik-Tok

le marketing d'influence est devenu une stratégie incontournable pour les marques cherchant à promouvoir leurs produits ou services sur TikTok. Les influenceurs jouent un rôle essentiel en raison de leur capacité à créer un contenu authentique et engageant, ce qui en fait des partenaires précieux pour les campagnes marketing.

Les collaborations entre les marques et les influenceurs sur TikTok ont prouvé leur efficacité pour accroître la visibilité, générer du trafic vers les sites web des marques et stimuler les ventes. Les influenceurs apportent souvent une audience fidèle et engagée, et leur capacité à interagir de manière authentique avec leur communauté les rend particulièrement efficaces pour présenter des produits ou services de manière convaincante.

La marque de cosmétiques Maybelline a opté pour une collaboration avec l'influenceuse française Léna Situations. Le résultat de cette collaboration a été un tutoriel captivant, enseignant aux utilisateurs comment créer un look de maquillage tendance avec les produits Maybelline. Cette approche permet à la marque d'entrer dans l'univers des utilisateurs de manière éducative et divertissante [3].

La célèbre chaîne de restauration rapide McDonald's a misé sur une collaboration avec l'influenceur américain Khaby Lame. Ensemble, ils ont lancé un challenge TikTok qui a atteint une audience impressionnante de plus de 2 milliards de vues. Cette collaboration démontre comment les marques peuvent exploi-

---

3. https ://www.tiktok.com/@angelina$_f$vr/$video$/7194027866743426309

ter la créativité des influenceurs pour créer du contenu engageant et viral[4].

Les formes de collaborations varient, allant des vidéos de
démonstration et des tutoriels aux challenges et concours. Les
influenceurs intègrent subtilement les produits de la marque
dans leur contenu, tirant parti de leur créativité pour susciter
l'intérêt et l'interaction des utilisateurs de manière organique.
Cette approche contribue à établir une connexion plus authentique entre la marque et le public, renforçant ainsi la confiance
des consommateurs.

En outre, le format court et dynamique de TikTok se prête
particulièrement bien au marketing d'influence, offrant aux
marques une opportunité unique de capter l'attention des utilisateurs dans un laps de temps relativement court. Les collaborations avec des influenceurs permettent également aux
marques de toucher des segments spécifiques du public en s'associant à des créateurs dont le contenu résonne avec une audience particulière.

Le marketing d'influence sur TikTok s'est révélé être une
stratégie puissante pour les marques, offrant une visibilité accrue et un moyen authentique de connecter avec leur public
cible grâce à la créativité et à l'authenticité des influenceurs.

5.2.2 Les avantages pour les marques

La collaboration avec des influenceurs sur TikTok offre
une multitude d'avantages significatifs pour les marques. Tout

---

4. https ://www.mensjournal.com/news/mcdonalds-grimace-shake-
tiktok-challenge

d'abord, elle leur permet d'élargir considérablement leur portée en touchant un public plus vaste et diversifié. Les influenceurs, avec leurs milliers, voire leurs millions d'abonnés, servent de passerelle pour que le contenu sponsorisé atteigne une audience étendue. Cette portée étendue est particulièrement cruciale pour les marques cherchant à maximiser leur visibilité.

De plus, les influenceurs ont construit une relation de confiance avec leur audience au fil du temps. Cette confiance préexistante rend le contenu sponsorisé plus crédible et convaincant aux yeux des abonnés. L'authenticité inhérente à ces collaborations renforce la réception positive du contenu promotionnel, augmentant ainsi la probabilité que les messages de la marque soient bien reçus.

Par ailleurs, le contenu créé par les influenceurs sur Tik-Tok a souvent le potentiel de devenir viral. La nature virale de la plateforme signifie que le contenu peut être rapidement partagé et diffusé à travers la communauté TikTok. Cette viralité offre aux marques une visibilité accrue et une exposition à de nouveaux publics, créant ainsi des opportunités organiques pour étendre leur base d'audience.

Enfin, le contenu viral génère fréquemment un niveau élevé d'engagement. Les utilisateurs réagissent, commentent et partagent activement le contenu viral, offrant aux marques une interaction plus profonde avec leur public. Cette interaction accrue peut se traduire par une augmentation des ventes, de la notoriété de la marque et de la fidélité des clients.

La collaboration avec des influenceurs sur TikTok représente une stratégie puissante pour les marques, offrant une portée étendue, une crédibilité renforcée, une visibilité virale et un engagement significatif. Ces avantages combinés contribuent à maximiser l'impact des campagnes de marketing d'influence sur la plateforme.

5.2.3   Les critères de sélection des influenceurs

Lorsqu'une marque décide de collaborer avec des influenceurs sur TikTok, il est important de choisir les bons partenaires. Les critères de sélection des influenceurs peuvent varier en fonction des objectifs de la marque, mais certains facteurs clés doivent être pris en compte.

Tout d'abord, la pertinence est essentielle. La marque doit s'assurer que l'influenceur est en adéquation avec ses valeurs, son image de marque et son public cible. Il est important que l'influenceur ait une audience qui correspond à celle de la marque, afin d'optimiser l'impact de la collaboration.

Ensuite, l'engagement de l'influenceur est un facteur clé. Il est important de choisir des influenceurs qui ont une communauté active et engagée, qui interagit régulièrement avec leur contenu. Cela garantit que le contenu sponsorisé sera bien reçu et générera un impact significatif.

Enfin, la créativité et l'authenticité de l'influenceur sont également des critères importants. Les marques doivent s'assurer que l'influenceur est capable de créer du contenu original et engageant, qui correspond à l'identité de la marque. L'authenticité est également essentielle, car les utilisateurs de Tik-Tok sont de plus en plus méfiants envers le contenu sponsorisé. Il est donc important que l'influenceur puisse intégrer subtilement les produits de la marque dans son contenu, de manière naturelle et authentique.

5.2.4   Les défis pour les marques

Bien que la collaboration avec des influenceurs sur TikTok présente de nombreux avantages, il y a aussi des défis auxquels les marques doivent faire face. Tout d'abord, il peut être difficile de trouver les bons influenceurs qui correspondent aux critères de sélection de la marque. Il existe des milliers d'influenceurs sur TikTok, et il peut être difficile de trouver ceux qui conviennent le mieux à la marque.

De plus, le contenu sponsorisé sur TikTok doit être créatif et engageant pour être efficace. Les marques doivent travailler en étroite collaboration avec les influenceurs pour s'assurer que le contenu créé est en adéquation avec leurs objectifs et leur image de marque. Cela peut nécessiter du temps et des ressources supplémentaires pour développer et produire du contenu de qualité.

Enfin, il est important de noter que la popularité des influenceurs peut être volatile. Les tendances et les préférences des utilisateurs de TikTok évoluent rapidement, ce qui signifie que la popularité des influenceurs peut diminuer rapidement. Les marques doivent donc être prêtes à s'adapter et à trouver de nouveaux partenaires lorsque cela est nécessaire.

Malgré ces défis, la collaboration avec des influenceurs sur TikTok offre aux marques une opportunité unique de se connecter avec leur public cible de manière authentique et engageante. En choisissant les bons partenaires et en créant du contenu de qualité, les marques peuvent tirer parti de la viralité de TikTok pour accroître leur visibilité, leur notoriété et leurs ventes.

5.3 L'impact de TikTok sur le commerce en ligne

TikTok est devenu bien plus qu'une simple plateforme de divertissement. Avec des millions d'utilisateurs actifs chaque jour, cette application a également un impact significatif sur le commerce en ligne. En effet, de nombreuses marques et entreprises ont compris l'importance de TikTok comme un moyen efficace de promouvoir leurs produits et d'atteindre un public plus large.

5.3.1 L'influence des vidéos de produits

L'une des forces majeures de TikTok dans le monde du commerce en ligne réside dans l'influence considérable des vidéos de produits. Les utilisateurs de TikTok peuvent créer des vidéos courtes, dynamiques et captivantes mettant en avant les produits qu'ils apprécient. Ces vidéos prennent diverses formes, allant de tutoriels et démonstrations à de simples recommandations.

Lorsque ces vidéos gagnent en viralité, elles ont le pouvoir de générer une visibilité massive pour les produits présentés. La nature créative et authentique de TikTok offre aux utilisateurs la possibilité de partager leurs expériences réelles avec des produits, ce qui peut avoir un impact significatif sur les décisions d'achat de leur audience.

Une fonctionnalité clé qui amplifie l'impact du commerce en ligne sur TikTok est la possibilité d'inclure des liens dans la bio des créateurs de contenu. Cette fonctionnalité permet aux utilisateurs de TikTok de partager des liens directs vers des sites web ou des boutiques en ligne à partir de leur profil. Ainsi, les produits présentés dans les vidéos deviennent facilement accessibles aux spectateurs, facilitant le passage à l'acte d'achat.

Cette combinaison de vidéos de produits virales et de la possibilité d'accéder directement aux boutiques en ligne crée un écosystème favorable au commerce en ligne sur TikTok. Les marques peuvent profiter de cette dynamique pour promouvoir leurs produits de manière authentique et directe, tout en offrant aux utilisateurs une expérience d'achat simplifiée et fluide.

L'influence des vidéos de produits sur TikTok se traduit par une visibilité massive et une incitation à l'achat. La combinaison de contenus créatifs et de fonctionnalités facilitant l'accès aux produits contribue à faire de TikTok une plate-forme majeure dans le paysage du commerce en ligne.

5.3.2   Les collaborations entre marques et influenceurs

Une autre façon dont TikTok impacte le commerce en ligne est à travers les collaborations entre marques et influenceurs. Les influenceurs sur TikTok ont acquis une grande notoriété et une base de fans fidèles. Les marques ont rapidement compris l'importance de s'associer à ces influenceurs pour promouvoir leurs produits.

Les collaborations peuvent prendre différentes formes, allant de simples mentions de produits dans les vidéos des influenceurs à des partenariats plus élaborés, tels que la création de vidéos sponsorisées ou la participation à des campagnes publicitaires. Ces collaborations permettent aux marques d'atteindre un public plus large et de bénéficier de la crédibilité et de l'influence des influenceurs.

5.3.3 L'émergence du commerce social

TikTok a joué un rôle significatif dans l'essor du commerce social[5], une tendance qui consiste à intégrer des fonctionnalités d'achat directement au sein des applications de médias sociaux. Cette évolution est particulièrement marquante sur TikTok, où de nombreuses marques adoptent la pratique d'inclure des liens d'achat directement dans leurs vidéos.

Cette intégration du commerce social sur TikTok offre aux utilisateurs la possibilité d'acheter des produits sans quitter l'application. Cette approche transforme le processus d'achat en une expérience plus fluide et pratique. Les liens d'achat directement dans les vidéos permettent aux utilisateurs de passer du visionnage à l'achat en quelques clics, simplifiant ainsi le parcours d'achat et réduisant les obstacles potentiels qui

---

5. Le commerce social intègre des fonctionnalités d'achat directement dans les plateformes de médias sociaux. Sur TikTok, cela se manifeste par l'inclusion de liens d'achat dans les vidéos, permettant aux utilisateurs de faire des achats sans quitter l'application. Cette tendance facilite une expérience d'achat fluide, capitalisant sur l'influence des médias sociaux pour inspirer et faciliter les transactions.

pourraient décourager les consommateurs.

Cette initiative a considérablement élargi les opportunités de vente pour les marques présentes sur TikTok. En facilitant l'accès aux produits et en simplifiant le processus d'achat, le commerce social sur TikTok crée une nouvelle dynamique dans la manière dont les marques interagissent avec les consommateurs. Les utilisateurs peuvent désormais passer de la découverte d'un produit à son achat de manière presque instantanée, renforçant ainsi la connexion entre les créateurs de contenu, les marques et les consommateurs.

TikTok a été un moteur majeur dans l'émergence du commerce social en intégrant des fonctionnalités d'achat direct dans son interface. Cette évolution transforme la plateforme en un espace non seulement dédié à la créativité et au divertissement, mais aussi à l'exploration et à l'achat de produits, offrant ainsi aux marques de nouvelles opportunités de maximiser leurs ventes et de créer des expériences d'achat intégrées pour les utilisateurs.

5.3.4   L'essor des micro-entrepreneurs

Enfin, TikTok a également contribué à l'essor des micro-entrepreneurs. De nombreux utilisateurs de TikTok ont réussi à transformer leur passion en une activité lucrative en vendant des produits ou des services directement sur la plateforme.

Que ce soit en créant des bijoux faits à la main, en offrant des services de coaching ou en vendant des vêtements personnalisés, TikTok offre une vitrine mondiale aux micro-entrepreneurs. Grâce à la viralité de la plateforme, ces entrepreneurs peuvent atteindre un public beaucoup plus large et augmenter leurs ventes de manière significative.

En conclusion, TikTok a un impact majeur sur le commerce en ligne. Grâce à l'influence des vidéos de produits, aux collaborations entre marques et influenceurs, à l'émergence du commerce social et à l'essor des micro-entrepreneurs, TikTok a transformé la façon dont les marques interagissent avec les consommateurs et a ouvert de nouvelles opportunités de vente. Il est clair que TikTok continuera à jouer un rôle important dans le commerce en ligne à l'avenir.

5.4 Les tendances de consommation influencées par TikTok

TikTok est devenu bien plus qu'une simple plateforme de divertissement. Avec son immense popularité et sa capacité à toucher des millions de personnes à travers le monde, TikTok a également influencé les tendances de consommation. Les utilisateurs de TikTok sont devenus des consommateurs avertis, cherchant à suivre les dernières tendances et à acheter les produits recommandés par leurs créateurs préférés. Dans cette section, nous explorerons les différentes tendances de consommation influencées par TikTok.

5.4.1 popularisation de nombreux produits

TikTok a joué un rôle majeur dans la popularisation de nombreux produits de beauté et de soins de la peau. Les utilisateurs de TikTok partagent régulièrement leurs routines de soins de la peau et leurs astuces beauté, ce qui a conduit à une augmentation de la demande pour certains produits spécifiques. Par exemple, des produits tels que les sérums à la vitamine C, les masques en feuille et les rouleaux de jade sont devenus extrêmement populaires grâce aux recommandations des créateurs de TikTok. Les marques ont également profité de cette tendance en collaborant avec des influenceurs pour promouvoir leurs produits.

TikTok a également eu un impact significatif sur les tendances de la mode et les choix vestimentaires des utilisateurs. Les vidéos de TikTok mettant en avant des tenues tendance, des astuces de style et des hauls de vêtements sont devenues virales, incitant les utilisateurs à acheter les mêmes articles. Les marques de vêtements ont rapidement compris l'influence de TikTok et ont commencé à collaborer avec des créateurs de contenu pour promouvoir leurs collections. De plus, TikTok a également donné une visibilité aux petites marques et aux créateurs indépendants, leur permettant de se faire connaître et de toucher un public plus large.

TikTok est devenu une plateforme incontournable pour les amateurs de cuisine et les passionnés de recettes. Les utilisateurs partagent régulièrement des vidéos de recettes rapides et faciles à réaliser, mettant en avant des plats délicieux et des astuces culinaires. Ces vidéos ont inspiré de nombreuses personnes à essayer de nouvelles recettes et à découvrir de nouveaux aliments. Certains aliments ont même connu une popularité soudaine grâce à TikTok, comme la pâte à crêpes japonaise et le café Dalgona. Les restaurants et les marques alimentaires ont également profité de cette tendance en créant des plats et des produits spécifiquement conçus pour être partagés sur TikTok.

TikTok a également influencé les tendances de consommation dans le domaine des produits électroniques et technologiques. Les utilisateurs de TikTok partagent régulièrement des vidéos de déballage et de test de nouveaux produits, ce qui a conduit à une augmentation de la demande pour ces produits. Par exemple, les écouteurs sans fil, les caméras d'action et les gadgets de fitness ont connu une popularité croissante grâce aux recommandations des créateurs de TikTok. Les marques ont également utilisé TikTok comme plateforme de marketing pour promouvoir leurs produits électroniques et technologiques.

TikTok a également influencé les tendances de consommation dans le domaine des voyages et du tourisme. Les utilisateurs de TikTok partagent régulièrement des vidéos de leurs voyages, mettant en avant des destinations populaires et des expériences uniques. Ces vidéos ont inspiré de nombreuses personnes à planifier leurs propres voyages et à découvrir de nouveaux endroits. Certains lieux touristiques ont même connu une augmentation de leur popularité grâce à TikTok. Les agences de voyage et les compagnies aériennes ont également utilisé TikTok comme moyen de promotion pour attirer de nouveaux clients.

En conclusion, TikTok a eu un impact significatif sur les tendances de consommation. Les utilisateurs de TikTok sont devenus des consommateurs avertis, cherchant à suivre les dernières tendances et à acheter les produits recommandés par leurs créateurs préférés. Des produits de beauté et de soins de la peau à la mode et aux vêtements, en passant par la nourriture et les recettes, les produits électroniques et technologiques, ainsi que les voyages et le tourisme, TikTok a influencé de nombreux aspects de la consommation moderne. Les marques ont rapidement compris l'importance de TikTok et ont commencé à collaborer avec des créateurs de contenu pour promouvoir leurs produits. Il est clair que TikTok continuera à façonner les tendances de consommation à l'avenir.

Chapitre 6

TikTok et la créativité

Dans ce chapitre captivant, nous plongerons au cœur de l'univers créatif de TikTok. Nous explorerons comment la plateforme est devenue un véritable catalyseur pour la créativité, offrant une scène mondiale pour tous les talents. En mettant en lumière la viralité comme moteur de la créativité, nous décortiquerons comment TikTok a engendré une communauté créative et collaborative.

Nous porterons un regard attentif sur les artistes et créateurs émergents sur TikTok, révélant comment la plateforme a favorisé l'émergence de nouveaux talents et a propulsé des carrières dans divers domaines créatifs. Nous examinerons également l'impact de TikTok sur l'industrie créative dans son ensemble.

Ce chapitre mettra en avant l'expression artistique à travers TikTok, explorant la danse, la musique, le chant, les arts visuels, et comment ces formes d'expression ont trouvé un écho significatif au sein de la communauté TikTok. Enfin, nous découvrirons les nombreux défis créatifs qui ont captivé les utilisateurs, des défis de danse aux défis de comédie, illustrant comment TikTok stimule la créativité à l'échelle mondiale.

6.1   La créativité sur TikTok

TikTok est une plateforme qui a révolutionné la façon dont les utilisateurs créent et partagent du contenu. Avec ses fonctionnalités innovantes et sa facilité d'utilisation, TikTok a ouvert de nouvelles possibilités pour l'expression artistique et la créativité. Dans cette section, nous explorerons l'impact de TikTok sur la créativité et comment il a permis aux artistes et aux créateurs de s'exprimer d'une manière unique.

6.1.1   Une plateforme pour tous les talents

TikTok a véritablement révolutionné la manière dont la créativité est exprimée en offrant une plateforme inclusive où chacun, quels que soient son niveau de compétence ou son bagage artistique, peut partager son talent. Que vous souhaitiez danser, chanter, faire de la comédie, présenter des compétences artistiques visuelles, ou simplement donner vie à une idée originale, TikTok offre un espace où toutes les formes d'expression créative sont les bienvenues.

L'accessibilité de TikTok est soulignée par sa simplicité d'utilisation et la variété d'outils de création à disposition. Des effets spéciaux innovants, des filtres créatifs et des fonctionnalités de montage intuitives permettent aux utilisateurs de produire des vidéos courtes et captivantes sans nécessiter une expertise technique avancée. Cette facilité d'utilisation démocratise la création de contenu, ouvrant la voie à une diversité d'expressions artistiques.

L'impact de cette accessibilité est particulièrement visible dans la mise en lumière d'artistes émergents. TikTok a servi de tremplin à de nombreux talents en les exposant à une audience mondiale. Des danseurs inconnus ont soudainement attiré l'attention, des chanteurs ont trouvé un public passionné, et des créateurs de contenu visuel ont pu partager leur art avec des millions de personnes. Cette plateforme a ainsi contribué à la découverte et à la promotion de talents diversifiés qui autrement pourraient ne pas avoir eu la visibilité nécessaire.

TikTok offre un espace créatif accessible à tous, propulsant ainsi une variété de talents émergents vers la reconnaissance mondiale. Cette plateforme joue un rôle essentiel dans la célébration de la diversité des formes d'expression artistique et dans la création d'une communauté où chaque talent, qu'il soit amateur ou professionnel, a la possibilité d'être découvert et apprécié.

6.1.2 La viralité comme catalyseur de la créativité

La capacité de TikTok à propulser une vidéo à la viralité instantanée repose sur une combinaison unique de facteurs. L'algorithme de recommandation de TikTok, basé sur l'intelligence artificielle, analyse rapidement le comportement des utilisateurs, identifiant les vidéos susceptibles de susciter un intérêt massif. Ainsi, une vidéo créative et originale a le potentiel d'atteindre un public bien au-delà du cercle d'abonnés de l'utilisateur initial.

Cette viralité a créé un écosystème stimulant pour les créateurs sur TikTok. L'effet de propagation rapide incite les utilisateurs à repousser les limites de leur créativité, sachant que leur contenu peut être découvert et apprécié par des millions d'utilisateurs. L'aspect immédiat de la viralité encourage également une concurrence saine entre les créateurs pour produire du contenu toujours plus captivant.

Les défis et les tendances virales sur TikTok constituent un autre moteur de créativité. Les utilisateurs sont régulièrement invités à participer à des défis qui exigent une approche unique, encourageant ainsi la diversité des contenus. Cette dynamique incite les créateurs à injecter leur touche personnelle, à repousser les conventions et à explorer de nouvelles formes d'expression artistique.

En conséquence, TikTok a vu émerger une communauté mondiale de créateurs repoussant continuellement les frontières de la créativité. Des danses virales aux sketchs comiques, en passant par des expressions artistiques plus avant-gardistes, la plateforme offre un terrain fertile pour l'innovation artistique. En résumé, TikTok a réussi à créer un écosystème où la viralité instantanée, les défis créatifs et la diversité des contenus favorisent un environnement dynamique et stimulant pour les créateurs.

6.1.3 Une communauté créative et collaborative

TikTok a également créé une communauté dynamique et collaborative où les artistes et les créateurs peuvent interagir et s'inspirer mutuellement. Les utilisateurs peuvent commenter, aimer et partager les vidéos d'autres créateurs, ce qui favorise l'échange d'idées et la collaboration. De nombreux artistes ont trouvé des partenaires créatifs sur TikTok, ce qui leur a permis de repousser les limites de leur propre créativité. Cette communauté créative encourage également les utilisateurs à expérimenter de nouvelles formes d'expression artistique et à explorer des domaines qu'ils n'auraient peut-être pas envisagés auparavant.

6.1.4 L'impact sur l'industrie créative

L'impact de TikTok sur l'industrie créative s'étend de manière significative. La plateforme a émergé comme un catalyseur pour de nombreux artistes et créateurs, offrant une voie vers la reconnaissance et l'attention de l'industrie. Des chansons ont trouvé une notoriété virale sur TikTok, propulsant les artistes vers le succès et les sommets des charts musicaux. Les danseurs et chorégraphes ont également bénéficié d'une nouvelle visibilité, leurs défis de danse devenant rapidement viraux et attirant l'attention des professionnels du secteur.

TikTok s'est révélé être un outil de promotion puissant pour les films, les séries télévisées et les marques. Les extraits courts et engageants sur la plateforme ont créé de nouvelles opportunités pour les créateurs de contenu et les artistes de collaborer avec des productions de divertissement, élargissant ainsi la portée de leurs travaux.

Cette dynamique a révolutionné la façon dont l'industrie créative découvre, promeut et interagit avec le talent émergent. Les frontières traditionnelles entre amateurs et professionnels se sont estompées, ouvrant la voie à une ère où la créativité peut émerger de manière organique et être amplifiée par une plateforme mondiale telle que TikTok.

L'essor de TikTok a remodelé le paysage de l'industrie créative en créant des opportunités inédites pour les artistes, les créateurs de contenu et les marques. La plateforme continue d'être un catalyseur majeur pour l'émergence de nouvelles tendances et de nouveaux talents dans divers domaines artistiques.

En conclusion, TikTok a révolutionné la façon dont nous créons et consommons du contenu créatif. Il a ouvert de nouvelles possibilités pour les artistes et les créateurs de s'exprimer d'une manière unique et innovante. La viralité de TikTok a stimulé la créativité et encouragé les utilisateurs à repousser les limites de leur imagination. Avec sa communauté créative et collaborative, TikTok a créé un environnement propice à l'inspiration et à l'exploration artistique. L'impact de TikTok sur l'industrie créative est indéniable, offrant de nouvelles opportunités pour les artistes émergents et changeant la façon dont nous découvrons et apprécions l'art et la créativité.

6.2 Les artistes et les créateurs sur TikTok

TikTok est devenu une plateforme incontournable pour les artistes et les créateurs du monde entier. Avec sa popularité croissante et sa capacité à toucher un large public, TikTok offre de nombreuses opportunités pour les talents émergents de se faire connaître et de partager leur créativité avec le monde entier.

6.2.1 L'émergence de nouveaux talents

TikTok a véritablement ouvert une voie significative pour l'émergence de nouveaux talents dans l'industrie du divertissement. La viralité inhérente aux vidéos sur la plateforme a agi comme un tremplin, permettant à des artistes et créateurs jusque-là méconnus de captiver l'attention des décideurs de l'industrie. Cette visibilité accrue a offert des opportunités inédites, permettant à des talents divers, tels que chanteurs, danseurs, acteurs, et artistes polyvalents, de se faire une place prépondérante dans le paysage de l'industrie du divertissement.

La magie réside dans le fait que TikTok a donné une plateforme mondiale à ceux qui, autrement, auraient pu rester dans l'ombre. Des maisons de disques ont repéré des musiciens talentueux dont la musique est devenue virale sur TikTok, signant des contrats et les propulsant sur la scène musicale internationale. Les danseurs et les acteurs ont trouvé des opportunités inattendues, les défis viraux attirant l'attention des producteurs et des agences de talents.

L'écosystème créé par TikTok a contribué à redéfinir les notions de célébrité et de réussite dans l'industrie du divertissement, offrant une voie alternative où la créativité authentique peut être récompensée et célébrée. Ainsi, l'émergence de nouveaux talents grâce à TikTok illustre comment une plateforme peut bouleverser les modèles traditionnels et donner une chance équitable à ceux qui ont quelque chose de spécial à partager.

6.2.2   La créativité à l'honneur

TikTok s'établit comme un véritable sanctuaire pour la créativité et l'expression artistique, fournissant une scène mondiale où les utilisateurs sont constamment à l'affût de nouvelles idées et tendances à explorer. Cette quête incessante d'innovation a créé un écosystème dynamique où artistes et créateurs sont encouragés à repousser les frontières de leur imagination.

La diversité des contenus sur TikTok est un reflet de cette créativité florissante. Des danses énergiques aux compositions musicales originales, en passant par des sketches comiques et des œuvres artistiques visuelles, la plateforme offre une toile vierge pour tous les types de créativité. Les outils de création disponibles, tels que les effets spéciaux, les filtres et les fonctionnalités de montage intuitives, facilitent la concrétisation des idées les plus audacieuses.

L'aspect viral de TikTok amplifie cette créativité, permettant aux créations les plus innovantes d'atteindre une audience mondiale en un instant. Les tendances émergent et évoluent rapidement, incitant les utilisateurs à participer à des défis créatifs et à apporter leur touche personnelle à chaque nouvelle tendance.

TikTok se distingue comme un espace où la créativité est célébrée, encouragée et partagée à une échelle mondiale. C'est une plateforme qui donne vie aux idées les plus originales, propulsant ainsi l'expression artistique vers de nouveaux sommets dans le monde numérique contemporain.

6.2.3   La collaboration entre artistes

La collaboration entre artistes sur TikTok offre une plateforme dynamique pour l'expression créative et la mise en valeur de talents divers. Cette culture de collaboration se manifeste à travers différentes formes, notamment les duos de danseurs, les collaborations musicales et les vidéos comiques impliquant plusieurs créateurs. Cette dynamique contribue à enrichir l'expérience des utilisateurs et à promouvoir une communauté artistique interconnectée. Voici quelques aspects clés de la collaboration entre artistes sur TikTok :

Diversité artistique : TikTok rassemble des créateurs aux talents variés, qu'il s'agisse de danseurs, de musiciens, d'humoristes, ou d'autres artistes. La plateforme offre un espace où ces talents peuvent se mélanger, créant ainsi une diversité artistique unique.

Duos de danseurs : Les duos de danseurs sont extrêmement populaires sur TikTok. Les créateurs peuvent collaborer pour créer des chorégraphies originales, inspirant d'autres utilisateurs à participer à des tendances de danse virales.

Collaborations musicales : Des musiciens et des chanteurs collaborent souvent pour créer des contenus musicaux uniques. Cela peut inclure des reprises, des remix, ou même la création de nouvelles chansons spécifiquement pour TikTok.

Vidéos comiques et sketches : Les artistes comiques se réunissent pour créer des vidéos humoristiques et des sketches, exploitant la plateforme pour partager leur comédie avec un large public.

Partage de fans : La collaboration permet aux artistes de toucher de nouveaux publics en exploitant les bases de fans existantes de leurs partenaires. Cela favorise la croissance mutuelle et l'expansion de la portée artistique.

Projets uniques : Les collaborations sur TikTok donnent naissance à des projets créatifs et uniques qui ne pourraient pas exister autrement. Les artistes peuvent apporter des perspectives différentes et combiner leurs compétences pour produire quelque chose d'innovant.

Interaction avec le public : Les collaborations engagent également le public, incitant les utilisateurs à interagir avec les vidéos, à participer à des défis collaboratifs, et à partager leur appréciation pour le travail des artistes impliqués.

La collaboration entre artistes sur TikTok va au-delà de la simple création de contenu individuel. Elle crée une communauté dynamique où les talents se complètent mutuellement, favorisant l'échange d'idées, le partage de fans, et la réalisation de projets artistiques uniques qui continuent à captiver l'attention du public.

6.2.4   La promotion de la diversité culturelle

La promotion de la diversité culturelle sur TikTok est un aspect essentiel de la plateforme, offrant aux artistes et aux créateurs du monde entier une vitrine mondiale pour partager et célébrer leurs cultures. Voici comment TikTok favorise la mise en avant de la diversité culturelle :

Vitrine mondiale : TikTok étant accessible à une audience mondiale, il permet aux artistes et créateurs de partager leurs traditions culturelles avec un public diversifié. Cela crée une opportunité unique pour la diffusion de cultures souvent sous-représentées ou méconnues à l'échelle internationale.

Danses traditionnelles : De nombreuses vidéos sur TikTok présentent des danses traditionnelles spécifiques à une culture donnée. Les utilisateurs peuvent apprendre et apprécier ces danses, contribuant ainsi à la préservation et à la diffusion de pratiques culturelles uniques.

Chansons folkloriques : Les artistes peuvent partager des chansons folkloriques et musicales qui sont souvent liées à leur héritage culturel. Ces partages offrent une occasion d'apprécier la richesse musicale de différentes cultures à travers le monde.

Recettes culinaires : La cuisine est une part importante de la culture, et TikTok permet aux créateurs de partager des recettes traditionnelles, des techniques de cuisine spécifiques à une région, ou même de présenter des plats emblématiques de leur culture.

Coutumes locales : Des vidéos éducatives présentant des coutumes, des célébrations ou des événements spécifiques à une culture sont également fréquentes sur TikTok. Cela offre aux utilisateurs une fenêtre sur des aspects souvent méconnus de différentes cultures.

Sensibilisation culturelle : En mettant en avant la diversité culturelle, TikTok contribue à sensibiliser le public à la richesse et à la complexité des nombreuses cultures existantes dans le monde. Cela favorise un climat de respect et d'appréciation mutuelle.

Dialogue interculturel : Les commentaires et les interactions entre utilisateurs de différentes cultures facilitent un dialogue interculturel. Les questions, les échanges d'expériences et les encouragements contribuent à renforcer les liens entre les membres de la communauté TikTok.

TikTok offre une plateforme dynamique qui permet aux artistes et aux créateurs de promouvoir la diversité culturelle de manière authentique et accessible. Cela crée un espace où les traditions, les expressions artistiques et les coutumes de diverses cultures sont célébrées, partagées et appréciées à l'échelle mondiale. La plateforme contribue ainsi à la construction d'une communauté en ligne diversifiée et interconnectée.

6.2.5 Les opportunités de carrière

La promotion de la diversité culturelle sur TikTok est un aspect essentiel de la plateforme, offrant aux artistes et aux créateurs du monde entier une vitrine mondiale pour partager et célébrer leurs cultures. Voici comment TikTok favorise la mise en avant de la diversité culturelle :

Vitrine mondiale : TikTok étant accessible à une audience mondiale, il permet aux artistes et créateurs de partager leurs traditions culturelles avec un public diversifié. Cela crée une opportunité unique pour la diffusion de cultures souvent sous-représentées ou méconnues à l'échelle internationale.

Danses traditionnelles : De nombreuses vidéos sur Tik-Tok présentent des danses traditionnelles spécifiques à une culture donnée. Les utilisateurs peuvent apprendre et apprécier ces danses, contribuant ainsi à la préservation et à la diffusion de pratiques culturelles uniques.

Chansons folkloriques : Les artistes peuvent partager des chansons folkloriques et musicales qui sont souvent liées à leur héritage culturel. Ces partages offrent une occasion d'apprécier la richesse musicale de différentes cultures à travers le monde.

Recettes culinaires : La cuisine est une part importante de la culture, et TikTok permet aux créateurs de partager des recettes traditionnelles, des techniques de cuisine spécifiques à une région, ou même de présenter des plats emblématiques de leur culture.

Coutumes locales : Des vidéos éducatives présentant des coutumes, des célébrations ou des événements spécifiques à une culture sont également fréquentes sur TikTok. Cela offre aux utilisateurs une fenêtre sur des aspects souvent méconnus de différentes cultures.

Sensibilisation culturelle : En mettant en avant la diversité culturelle, TikTok contribue à sensibiliser le public à la richesse et à la complexité des nombreuses cultures existantes dans le monde. Cela favorise un climat de respect et d'appréciation mutuelle.

Dialogue interculturel : Les commentaires et les interactions entre utilisateurs de différentes cultures facilitent un dialogue interculturel. Les questions, les échanges d'expériences et les encouragements contribuent à renforcer les liens entre les membres de la communauté TikTok.

TikTok offre une plateforme dynamique qui permet aux artistes et aux créateurs de promouvoir la diversité culturelle de manière authentique et accessible. Cela crée un espace où les traditions, les expressions artistiques et les coutumes de diverses cultures sont célébrées, partagées et appréciées à l'échelle mondiale. La plateforme contribue ainsi à la construction d'une communauté en ligne diversifiée et interconnectée.

TikTok est devenu une plateforme essentielle pour les artistes et les créateurs du monde entier. Grâce à sa viralité, sa créativité et ses opportunités de carrière, TikTok offre une vitrine unique pour les talents émergents. Que ce soit pour se faire remarquer par l'industrie du divertissement, promouvoir la diversité culturelle ou simplement partager leur créativité avec le monde, TikTok est devenu un outil indispensable pour les artistes et les créateurs d'aujourd'hui.

6.3   L'expression artistique à travers TikTok

TikTok est devenu une plateforme incontournable pour l'expression artistique. Avec sa popularité croissante, de nombreux artistes ont trouvé en TikTok un moyen unique de partager leur créativité avec le monde entier. Que ce soit à travers

la danse, la musique, le théâtre ou les arts visuels, TikTok offre
une scène virtuelle où les artistes peuvent se connecter avec un
public mondial et faire entendre leur voix.

6.3.1 La danse et la chorégraphie

La promotion de la diversité culturelle sur TikTok est un
aspect essentiel de la plateforme, offrant aux artistes et aux
créateurs du monde entier une vitrine mondiale pour partager
et célébrer leurs cultures. Voici comment TikTok favorise la
mise en avant de la diversité culturelle :

Vitrine mondiale : TikTok étant accessible à une audience mondiale, il permet aux artistes et créateurs de partager
leurs traditions culturelles avec un public diversifié. Cela crée
une opportunité unique pour la diffusion de cultures souvent
sous-représentées ou méconnues à l'échelle internationale.

Danses traditionnelles : De nombreuses vidéos sur Tik-
Tok présentent des danses traditionnelles spécifiques à une
culture donnée. Les utilisateurs peuvent apprendre et apprécier ces danses, contribuant ainsi à la préservation et à la diffusion de pratiques culturelles uniques.

Chansons folkloriques : Les artistes peuvent partager
des chansons folkloriques et musicales qui sont souvent liées à
leur héritage culturel. Ces partages offrent une occasion d'apprécier la richesse musicale de différentes cultures à travers le
monde.

Recettes culinaires : La cuisine est une part importante
de la culture, et TikTok permet aux créateurs de partager des
recettes traditionnelles, des techniques de cuisine spécifiques à

une région, ou même de présenter des plats emblématiques de leur culture.

Coutumes locales : Des vidéos éducatives présentant des coutumes, des célébrations ou des événements spécifiques à une culture sont également fréquentes sur TikTok. Cela offre aux utilisateurs une fenêtre sur des aspects souvent méconnus de différentes cultures.

Sensibilisation culturelle : En mettant en avant la diversité culturelle, TikTok contribue à sensibiliser le public à la richesse et à la complexité des nombreuses cultures existantes dans le monde. Cela favorise un climat de respect et d'appréciation mutuelle.

Dialogue interculturel : Les commentaires et les interactions entre utilisateurs de différentes cultures facilitent un dialogue interculturel. Les questions, les échanges d'expériences et les encouragements contribuent à renforcer les liens entre les membres de la communauté TikTok.

TikTok offre une plateforme dynamique qui permet aux artistes et aux créateurs de promouvoir la diversité culturelle de manière authentique et accessible. Cela crée un espace où les traditions, les expressions artistiques et les coutumes de diverses cultures sont célébrées, partagées et appréciées à l'échelle mondiale. La plateforme contribue ainsi à la construction d'une communauté en ligne diversifiée et interconnectée.

6.3.2   La musique, le chant et arts arts visuels

TikTok a également révolutionné l'industrie musicale en offrant aux artistes émergents une visibilité sans précédent.

De nombreux artistes ont réussi à se faire connaître grâce à leurs chansons devenues virales sur la plateforme. Les utilisateurs peuvent découvrir de nouveaux talents, partager leurs chansons préférées et même participer à des défis musicaux.

La fonctionnalité de montage audio de TikTok permet aux utilisateurs de créer des vidéos musicales uniques en synchronisant leurs mouvements avec la musique. Cela a ouvert de nouvelles possibilités pour les artistes de créer des clips musicaux créatifs et captivants.

TikTok offre également une plateforme pour les artistes visuels de partager leur travail avec le monde entier. Des peintres aux photographes en passant par les graphistes, de nombreux artistes utilisent TikTok pour présenter leur processus de création, partager des tutoriels et exposer leurs œuvres.

La fonctionnalité de montage vidéo de TikTok permet aux artistes de créer des vidéos accélérées montrant l'évolution de leur travail, de la première esquisse à la pièce finale. Cela permet aux utilisateurs de découvrir et d'apprécier une grande variété d'œuvres d'art, tout en offrant aux artistes une visibilité et une reconnaissance accrues.

En conclusion, TikTok a ouvert de nouvelles possibilités pour l'expression artistique. Que ce soit à travers la danse, la musique, les arts visuels ou les défis créatifs, TikTok offre une plateforme où les artistes peuvent partager leur créativité avec le monde entier. Cette plateforme a permis de découvrir de nouveaux talents, de créer des collaborations artistiques et de stimuler l'innovation artistique. TikTok a véritablement révolutionné la manière dont nous percevons et apprécions l'art dans le monde moderne.

6.4 Les défis créatifs sur TikTok

Les défis créatifs [1] sont devenus une partie intégrante de l'expérience TikTok. Ces défis consistent à créer des vidéos sur un thème spécifique ou à reproduire des mouvements ou des scènes spécifiques. Les utilisateurs peuvent participer à ces défis en utilisant des effets spéciaux, en ajoutant leur propre touche personnelle et en partageant leurs créations avec la communauté TikTok.

Les défis créatifs ont permis de stimuler l'expression artistique et ont encouragé les utilisateurs à repousser leurs limites créatives. De nombreux artistes ont utilisé ces défis comme une opportunité pour montrer leur talent et se faire remarquer par un public plus large.

D'un point de vue culturel, les défis créatifs contribuent à la diffusion de la culture populaire. Ils permettent aux utilisateurs de découvrir de nouvelles tendances, de nouveaux artistes et de nouvelles formes d'expression créative. Les défis créatifs peuvent également contribuer à la préservation de la culture traditionnelle, en encourageant les utilisateurs à partager leurs traditions culturelles avec un public plus large.

D'un point de vue créatif, Ces défis stimulent l'innovation et l'expérimentation. Ils encouragent les utilisateurs à sortir de leur zone de confort et à essayer de nouvelles choses. Les défis créatifs peuvent également être un moyen pour les utilisateurs de développer leurs compétences créatives et de s'améliorer.

D'un point de vue de la communication, les défis créatifs

---

1. Un des exemples est : **TheHandstandChallenge** qui est un défi qui consiste à faire une prise de main arrière. Ce défi est devenu viral en 2020 et a été relevé par des personnes de tous âges et de toutes capacités.

facilitent l'interaction sociale et la connexion entre les gens. Ils permettent aux utilisateurs de partager leurs idées et leurs expériences avec un public mondial. Les défis créatifs peuvent également être un moyen pour les utilisateurs de se connecter avec d'autres personnes qui partagent leurs intérêts.

Ils encouragent l'expression créative. Les défis créatifs offrent aux utilisateurs une plateforme pour partager leurs idées et leur créativité avec un public mondial. Ils encouragent les utilisateurs à sortir de leur zone de confort et à essayer de nouvelles choses.

Ils créent un sentiment de communauté. Les défis créatifs rassemblent les utilisateurs autour d'un objectif commun. Ils favorisent la collaboration et le partage entre les utilisateurs. Ils sont amusants et divertissants. Les défis créatifs sont souvent amusants et divertissants à regarder. Ils peuvent être une source de rire et de joie pour les utilisateurs. Bien sûr, les défis créatifs ne sont pas sans inconvénients. Ils peuvent parfois être dangereux ou offensants. Il est important de faire preuve de prudence lorsque vous participez à un défi créatif.

6.4.1   Les défis de danse

Les défis de danse sur TikTok ont profondément façonné la culture de la plateforme, créant une communauté dynamique et créative d'amateurs de danse. Ces défis présentent plusieurs aspects intéressants :

Créativité chorégraphique : Les utilisateurs sont encouragés à concevoir des chorégraphies uniques et originales. Cela stimule la créativité et permet aux danseurs en herbe de partager leur style personnel avec un large public.

Communauté collaborative : Les défis de danse favorisent un esprit de communauté sur TikTok. Les utilisateurs interagissent en reproduisant les danses les uns des autres, créant ainsi un environnement collaboratif où chacun peut contribuer à la créativité collective.

Dépassement des frontières : Les défis de danse incitent les utilisateurs à repousser leurs propres limites en apprenant de nouvelles chorégraphies. Cela crée une atmosphère d'apprentissage et de progression constante au sein de la communauté de danse TikTok.

Tendance musicale : La synchronisation des danses avec des musiques à la mode joue un rôle essentiel. Les défis de danse contribuent à populariser de nouvelles chansons et à créer des tendances musicales, renforçant ainsi le lien entre la danse et la musique sur la plateforme.

Accessibilité pour tous : Les défis de danse sur TikTok sont souvent conçus de manière à être accessibles à tous les niveaux de compétence. Cela encourage une large participation, indépendamment du niveau d'expérience en danse, créant ainsi une plateforme inclusive.

Impact sur la notoriété des utilisateurs : Les utilisateurs talentueux qui réussissent à créer des danses virales peuvent gagner en visibilité sur la plateforme. Certains défis deviennent des tendances mondiales, offrant aux créateurs l'opportunité.

Les défis de danse sur TikTok contribuent à forger une communauté dynamique et expressive. Ils offrent une plateforme où la créativité, la collaboration et la découverte musicale se rejoignent, créant une expérience engageante pour les utilisateurs passionnés de danse.

Bien que les défis de danse sur TikTok soient largement appréciés et participatifs, ils ne sont pas à l'abri de critiques. On peut citer :

Surproduction de contenus similaires : Certains critiques estiment que les défis de danse contribuent à une surproduction de contenus similaires. Les utilisateurs peuvent se sentir obligés de suivre les tendances plutôt que de créer quelque chose de véritablement original, entraînant une uniformité dans le contenu.

Pression pour la perfection : La viralité des défis de danse peut créer une pression sur les utilisateurs pour qu'ils exécutent les chorégraphies de manière parfaite. Cela peut être stressant pour certains utilisateurs, en particulier les plus jeunes, qui pourraient ressentir le besoin de correspondre aux normes élevées définies par les vidéos virales.

Appropriation culturelle : Certains défis de danse peuvent être basés sur des styles de danse spécifiques ou des éléments de la culture populaire, ce qui a suscité des préoccupations liées à l'appropriation culturelle. L'utilisation non respectueuse de certains mouvements ou styles peut être perçue comme offensante.

Impact sur la perception de la danse : Certains critiques estiment que les défis de danse sur TikTok simplifient la perception de la danse, réduisant cet art complexe à des mouvements populaires et à des tendances virales. Cela pourrait potentiellement sous-estimer la diversité et la richesse de la danse en tant que forme artistique.

Risques pour la santé mentale : La recherche constante de validation à travers la participation aux défis de danse et l'obtention de likes peut avoir des implications sur la santé mentale des utilisateurs. La comparaison constante avec d'autres créateurs et la recherche de popularité peuvent créer un environnement compétitif et stressant.

Stéréotypes de genre persistants : Certains défis de danse peuvent renforcer des stéréotypes de genre, avec des attentes différentes pour les hommes et les femmes en matière de danse. Cela peut contribuer à perpétuer des normes de genre.

En résumé, bien que les défis de danse sur TikTok aient des aspects positifs en encourageant la créativité et la communauté, ils soulèvent également des préoccupations liées à la diversité du contenu, à la pression sociale, à l'appropriation culturelle et aux impacts sur la perception de la danse.

6.4.2   Les défis de comédie

Les défis de comédie sur TikTok ajoutent une dimension ludique à la plateforme en encourageant les utilisateurs à créer du contenu humoristique. Voici quelques aspects positifs associés à ces défis :

Créativité humoristique : Les défis de comédie offrent aux utilisateurs une plateforme pour exprimer leur créativité humoristique. Que ce soit à travers des imitations, des sketches ou des blagues, les utilisateurs ont l'opportunité de montrer leur originalité.

Connectivité par l'humour : Ces défis permettent de créer une communauté où les utilisateurs peuvent se connecter à travers l'humour. En partageant des vidéos comiques, les utilisateurs peuvent susciter des rires et établir des liens avec d'autres membres de la communauté qui partagent un intérêt pour la comédie.

Diversité des formats comiques : Les défis de comédie peuvent prendre diverses formes, ce qui offre aux utilisateurs une grande variété de styles humoristiques. Des imitations de célébrités aux sketches improvisés, cela favorise une diversité de contenus comiques.

Cependant, tout comme les défis de danse, les défis de comédie ne sont pas exempts de critiques. Voici quelques points de vue critiques associés à ces défis :

Risques liés à l'humour inapproprié : Certains défis de comédie peuvent entraîner des risques liés à la création de contenu inapproprié ou offensant. Des blagues mal interprétées ou des imitations insensibles peuvent susciter des réactions négatives.

Perpétuation de stéréotypes : Certains défis de comédie peuvent involontairement perpétuer des stéréotypes, qu'ils soient liés au genre, à la race ou à d'autres caractéristiques. Cela soulève des questions sur la responsabilité des créateurs en matière de sensibilité aux questions sociales.

Pression pour l'originalité : Comme pour les défis de danse, il peut y avoir une pression pour créer du contenu toujours plus original. Cela peut conduire à des tentatives de surpasser les autres par l'extravagance, ce qui peut parfois dépasser les limites du respect.

Impact sur la perception de l'humour : Certains critiques soutiennent que la nature rapide et concise des vidéos sur TikTok pourrait influencer la perception de l'humour, en privilégiant des formats courts au détriment de formes plus complexes de comédie.

En conclusion, les défis de comédie sur TikTok offrent une plateforme créative pour l'expression humoristique, mais ils nécessitent une attention particulière pour éviter les risques potentiels liés à l'inapproprié, aux stéréotypes et à la pression pour l'originalité.

6.4.3   Les défis de transformation

Les défis de transformation sur TikTok ajoutent une dimension fascinante à la plateforme en mettant en lumière la créativité des utilisateurs dans leur capacité à se métamorphoser physiquement ou mentalement. Voici quelques aspects positifs associés à ces défis :

Expression créative individuelle : Les défis de transformation offrent aux utilisateurs la possibilité de s'exprimer de manière créative en utilisant des techniques de maquillage, de coiffure et de mise en scène. Cela permet de mettre en valeur l'individualité et le talent artistique de chaque créateur.

Partage de compétences et d'astuces : Les vidéos de défis de transformation sont souvent accompagnées de tutoriels détaillés, ce qui offre aux autres utilisateurs l'opportunité d'apprendre de nouvelles compétences et de s'inspirer des techniques de transformation. Cela favorise un esprit de communauté basé sur le partage des connaissances.

Encouragement de la diversité : Les défis de transformation peuvent célébrer la diversité sous de nombreuses formes, qu'il s'agisse de transformations physiques ou de changements de perspective mentale. Cela contribue à promouvoir une vision inclusive de la beauté et de la créativité.

Cependant, ces défis ne sont pas sans critiques. Voici quelques points de vue critiques associés à ces défis :

Pression pour la perfection : Les défis de transformation peuvent parfois contribuer à une pression pour atteindre des normes esthétiques élevées. Cela peut engendrer des attentes irréalistes et une compétition pour atteindre une image idéalisée de la transformation.

Potentiel d'influence négative : Certains défis de transformation peuvent inciter à des changements radicaux qui pourraient influencer négativement la perception de soi des utilisateurs, en particulier des plus jeunes. Il est important de souligner la nécessité de promouvoir des transformations saines et positives.

Possibilité de déformation de la réalité : Les vidéos de transformation peuvent parfois utiliser des techniques de mise en scène et d'édition pour créer des effets dramatiques. Cela peut conduire à une déformation de la réalité, suscitant des attentes irréalistes quant à ce qui est possible sans manipulation.

En conclusion, bien que les défis de transformation sur Tik-Tok offrent une plateforme créative pour l'expression individuelle et le partage de compétences, il est crucial de promouvoir des normes saines, de célébrer la diversité et de reconnaître le potentiel impact sur la perception de soi. L'équilibre entre la créativité et la responsabilité sociale demeure essentiel dans cette facette de la plateforme.

6.4.4 Les défis de chant

Les défis de chant sur TikTok ajoutent une dimension musicale à la plateforme, offrant aux utilisateurs une opportunité unique de mettre en avant leurs compétences vocales. Que ce soit en interprétant des chansons populaires ou en créant leurs propres compositions, les utilisateurs peuvent exprimer leur talent musical d'une manière accessible et engageante. Cette vitrine pour les voix diverses contribue à la création d'une communauté variée de talents musicaux.

Un aspect particulièrement positif des défis de chant réside dans leur capacité à encourager la connectivité à travers la musique. En invitant d'autres utilisateurs à se joindre au défi en chantant à leur tour, ces interactions dynamiques créent une véritable communauté musicale sur TikTok. Les frontières virtuelles disparaissent alors, laissant place à une collaboration musicale mondiale.

Les duos et collaborations ajoutent une couche supplémentaire à l'expérience des défis de chant. En permettant aux utilisateurs de se rejoindre pour des performances conjointes, TikTok favorise des interactions plus riches et renforce le sentiment de communauté en ligne. Cette dimension collaborative contribue à l'échange d'idées musicales et à la célébration des divers talents présents sur la plateforme.

Cependant, des critiques peuvent émerger en ce qui concerne les défis de chant. Certains observateurs soulignent que la nature virale de TikTok peut encourager une quête de popularité rapide plutôt que de mettre l'accent sur la qualité musicale. Cette dynamique peut potentiellement conduire à des choix artistiques axés sur la notoriété plutôt que sur une exploration musicale authentique.

De plus, la nature concise des vidéos sur TikTok pourrait contribuer à une standardisation des interprétations musicales. Les utilisateurs pourraient être tentés de suivre des tendances émergentes plutôt que de créer des interprétations musicales uniques. Cela soulève des questions sur la diversité artistique et la véritable expression individuelle au sein de la communauté musicale de TikTok.

Enfin, bien que les collaborations soient encouragées, il existe le risque de voir émerger des collaborations superficielles axées uniquement sur la popularité plutôt que sur une véritable affinité musicale. Cela pourrait potentiellement diluer l'authenticité des interactions musicales, mettant en lumière le besoin de préserver la sincérité dans les partenariats musicaux sur la plateforme.

En conclusion, les défis de chant sur TikTok ajoutent indéniablement une richesse musicale à la plateforme, mais il est essentiel de trouver un équilibre entre la quête de popularité et le développement authentique des compétences musicales. La promotion de collaborations significatives et la reconnaissance de la diversité artistique sont des éléments clés pour maintenir une communauté musicale enrichissante et authentique sur TikTok.

6.4.5 Les défis de création artistique

Les défis de création artistique sur TikTok apportent une dimension visuelle et créative à la plateforme, permettant aux utilisateurs de partager leur talent artistique à travers divers médiums tels que le dessin, la peinture, la sculpture et la création numérique. Ces défis fournissent une vitrine pour la créativité visuelle, mettant en avant des œuvres d'art originales et offrant une expérience stimulante pour les spectateurs.

Une caractéristique positive de ces défis est la possibilité d'explorer une variété de médiums artistiques. Les utilisateurs sont encouragés à expérimenter et à choisir le médium qui correspond le mieux à leur style, favorisant ainsi une diversité d'expressions artistiques au sein de la communauté TikTok. Cela contribue à l'enrichissement de la plateforme par la diversité des créations artistiques.

Les vidéos de défis de création artistique ne se limitent pas à présenter uniquement le produit final ; elles vont au-delà en partageant le processus créatif. Les tutoriels détaillés accompagnant souvent ces défis permettent aux autres utilisateurs d'apprendre les techniques utilisées, favorisant ainsi l'apprentissage et l'inspiration au sein de la communauté artistique de TikTok.

Cependant, des critiques peuvent être formulées à l'égard de ces défis. Certains observateurs soulignent le risque d'une focalisation excessive sur l'esthétique au détriment du concept artistique sous-jacent. La viralité des tendances pourrait conduire à une standardisation artistique, où les créateurs pourraient être tentés de suivre des motifs populaires au lieu de développer leur propre expression artistique unique.

De plus, des inquiétudes subsistent quant à l'impact sur la perception de l'art. La nature rapide des vidéos sur Tik-Tok pourrait influencer la manière dont l'art est consommé, mettant davantage l'accent sur l'aspect visuel immédiat au détriment d'une appréciation plus approfondie des œuvres. Cela souligne la nécessité de trouver un équilibre entre l'appréciation esthétique et la compréhension conceptuelle dans le contexte des médias sociaux.

Bien que les défis de création artistique sur TikTok offrent une plateforme stimulante pour partager et apprécier l'art, il est crucial de maintenir un équilibre entre l'esthétique visuelle et la profondeur conceptuelle. La promotion de l'exploration artistique authentique et la diversité des approches artistiques contribuent à enrichir l'expérience artistique sur la plateforme.

En conclusion, les défis créatifs sur TikTok sont un moyen pour les utilisateurs de montrer leur talent, leur originalité et leur créativité. Que ce soit à travers la danse, la comédie, la transformation, le chant ou la création artistique, les utilisateurs se lancent des défis pour repousser leurs limites et se connecter avec d'autres personnes partageant les mêmes intérêts. Ces défis créatifs font partie intégrante de la culture TikTok et contribuent à la viralité de la plateforme.

Chapitre 7

TikTok et la vie privée

Dans ce chapitre crucial, nous plongerons dans les enjeux sensibles entourant la vie privée sur TikTok. Nous analyserons en profondeur les problèmes liés à la collecte de données personnelles, mettant en lumière les risques potentiels et les mesures de protection mises en place par la plateforme.

Les sections détaillées exploreront les types spécifiques de données personnelles collectées par TikTok, les raisons derrière cette collecte et les conseils pratiques pour protéger sa vie privée sur la plateforme. Nous aborderons les risques associés à la vie privée des utilisateurs, y compris la collecte excessive, le partage avec des tiers, les risques de sécurité des données, et les implications de Big Data.

En se penchant sur les mesures de protection de la vie privée sur TikTok, ce chapitre examinera la politique de confidentialité de la plateforme, les protections des données des utilisateurs, la sensibilisation à la sécurité en ligne, et la collaboration avec les autorités compétentes. Une exploration approfondie de ces aspects cruciaux jettera une lumière vive sur la manière dont TikTok gère et protège la vie privée de ses utilisateurs.

7.1 Les problèmes de confidentialité sur TikTok

Les problèmes de confidentialité sur TikTok TikTok, l'application de partage de vidéos devenue extrêmement populaire ces dernières années, soulève de nombreuses préoccupations en matière de confidentialité. Alors que des millions d'utilisateurs du monde entier se connectent chaque jour pour partager des vidéos amusantes et créatives, il est important de comprendre les risques potentiels liés à l'utilisation de cette plateforme.

7.1.1 Collecte de données personnelles

La collecte de données personnelles sur TikTok constitue l'un des aspects les plus préoccupants en matière de confidentialité sur cette plateforme. Cette pratique n'est pas unique à TikTok, mais elle soulève des inquiétudes en raison de l'ampleur des informations collectées. Parmi les données recueillies figurent les informations de profil des utilisateurs, leurs préférences de contenu, leurs interactions avec d'autres utilisateurs, et même leurs données de localisation.

TikTok justifie cette collecte de données en vue de personnaliser l'expérience de chaque utilisateur. En analysant ces informations, la plateforme peut proposer un contenu adapté aux intérêts spécifiques de l'utilisateur ainsi qu'à sa localisation géographique. Cette personnalisation vise à accroître l'engagement des utilisateurs en fournissant un flux de contenu plus pertinent et attractif.

Cependant, ces pratiques soulèvent des préoccupations légitimes en ce qui concerne la protection de la vie privée des utilisateurs. La question centrale réside dans la manière dont ces données sont utilisées et partagées avec des tiers. Lorsque des informations personnelles sont collectées à une échelle aussi vaste, il devient crucial de garantir qu'elles sont traitées avec le plus grand soin et conformément aux normes de confidentialité établies.

Les risques potentiels liés à cette collecte de données incluent la possibilité d'un accès non autorisé ou de fuites de données, exposant ainsi les utilisateurs à des violations de leur vie privée. De plus, la question de la transparence quant à la manière dont ces données sont utilisées et partagées avec des partenaires externes suscite des préoccupations en matière de confiance.

Les préoccupations en matière de confidentialité sur Tik-Tok ont incité des autorités réglementaires et des utilisateurs à demander davantage de transparence de la part de la plateforme et à exiger des garanties plus solides en matière de protection des données personnelles. Cette question souligne l'importance croissante de trouver un équilibre entre la personnalisation de l'expérience utilisateur et le respect des droits à la vie privée des individus.

7.1.2 Risques pour la vie privée des utilisateurs

L'utilisation de TikTok expose les utilisateurs à des risques potentiels pour leur vie privée, soulevant des préoccupations importantes. Le partage de vidéos sur la plateforme peut inadvertamment divulguer des informations personnelles sensibles, comme la localisation précise, l'établissement scolaire ou le lieu de travail des utilisateurs. Ces données, si exploitées par des individus malveillants, peuvent entraîner des problèmes de sécurité et de confidentialité, exposant les utilisateurs à des risques tels que le harcèlement en ligne ou la violation de leur intimité.

Un aspect supplémentaire des risques pour la vie privée sur TikTok réside dans l'utilisation d'algorithmes avancés pour recommander du contenu personnalisé. Ces algorithmes analysent les habitudes de visionnage, les interactions et les préférences de chaque utilisateur afin de lui fournir un flux de contenu adapté à ses goûts. Bien que cette personnalisation puisse améliorer l'expérience utilisateur, elle soulève des inquiétudes quant à la manière dont ces algorithmes traitent et protègent les données personnelles des utilisateurs. La transparence sur le fonctionnement de ces algorithmes et la garantie de la sécurité des données sont des préoccupations cruciales dans le contexte de la confidentialité des utilisateurs.

Ces risques pour la vie privée sur TikTok ont conduit à des appels accrus à renforcer les politiques de confidentialité, à mettre en place des contrôles plus rigoureux sur la collecte et l'utilisation des données, ainsi qu'à accroître la sensibilisation des utilisateurs aux implications de la publication de contenu personnel sur la plateforme. Les débats sur la manière dont les plateformes de médias sociaux gèrent les données personnelles et protègent la vie privée des utilisateurs continuent de susciter l'attention des autorités réglementaires et des utilisateurs eux-mêmes. La gestion responsable des données personnelles reste une priorité essentielle pour garantir une expérience utilisateur sécurisée et respectueuse de la vie privée.

7.1.3 Mesures de protection de la vie privée sur TikTok

Face à ces préoccupations, TikTok a pris des mesures pour renforcer la protection de la vie privée de ses utilisateurs. L'application propose des paramètres de confidentialité qui permettent aux utilisateurs de contrôler les informations qu'ils partagent et avec qui ils les partagent. Par exemple, les utilisateurs peuvent choisir de rendre leur compte privé, ce qui signifie que seuls leurs abonnés approuvés peuvent voir leurs vidéos.

De plus, TikTok a mis en place des politiques strictes en matière de protection des données et de confidentialité. L'entreprise s'engage à ne pas vendre les données personnelles de ses utilisateurs à des tiers et à ne les utiliser que dans le but d'améliorer l'expérience utilisateur. TikTok a également mis en place des mécanismes de signalement pour permettre aux utilisateurs de signaler tout contenu inapproprié ou toute violation de la vie privée.

7.1.4 Sensibilisation et éducation des utilisateurs

Outre les mesures prises par TikTok, il est également important que les utilisateurs soient conscients des risques potentiels pour leur vie privée et prennent des mesures pour se protéger. Il est recommandé aux utilisateurs de vérifier régulièrement leurs paramètres de confidentialité et de s'assurer qu'ils sont à l'aise avec les informations qu'ils partagent sur la plateforme.

De plus, il est essentiel d'éduquer les utilisateurs, en particulier les jeunes, sur les bonnes pratiques en matière de confidentialité en ligne. Les parents et les éducateurs doivent jouer un rôle actif dans l'enseignement aux jeunes utilisateurs de TikTok sur les risques potentiels et les mesures de protection de la vie privée.

En conclusion, bien que TikTok offre une plateforme divertissante et créative, il est important de prendre en compte les problèmes de confidentialité qui y sont associés. La collecte de données personnelles, les risques pour la vie privée des utilisateurs et les mesures de protection de la vie privée sont des aspects cruciaux à considérer lors de l'utilisation de cette application. En étant conscient de ces problèmes et en prenant des mesures pour se protéger, les utilisateurs peuvent profiter de l'expérience TikTok tout en préservant leur vie privée.

7.2 Les données personnelles collectées par TikTok

TikTok est devenu une plateforme de médias sociaux extrêmement populaire, attirant des millions d'utilisateurs du monde entier. Cependant, derrière son interface ludique et divertissante, se pose la question de la collecte des données personnelles des utilisateurs. Comme de nombreux autres réseaux sociaux, TikTok collecte une quantité considérable d'informations sur ses utilisateurs, ce qui soulève des préoccupations légitimes en matière de vie privée.

7.2.1 Les types de données collectées

L'utilisation de TikTok expose les utilisateurs à des risques potentiels pour leur vie privée, suscitant des préoccupations significatives. Le partage de vidéos sur la plateforme peut inadvertamment révéler des informations personnelles sensibles, telles que la localisation précise, l'établissement scolaire ou le lieu de travail des utilisateurs. Ces données, si exploitées par des individus malveillants, peuvent entraîner des problèmes de sécurité et de confidentialité, exposant les utilisateurs à des risques tels que le harcèlement en ligne ou la violation de leur intimité.

Un autre aspect des risques pour la vie privée sur TikTok concerne l'utilisation d'algorithmes avancés pour recommander du contenu personnalisé. Ces algorithmes analysent les habitudes de visionnage, les interactions et les préférences de chaque utilisateur afin de lui fournir un flux de contenu adapté à ses goûts. Bien que cette personnalisation puisse améliorer l'expérience utilisateur, elle soulève des inquiétudes quant à la manière dont ces algorithmes traitent et protègent les données personnelles des utilisateurs. La transparence sur le fonctionnement de ces algorithmes et la garantie de la sécurité des données sont des préoccupations cruciales dans le contexte de la confidentialité des utilisateurs.

Ces risques pour la vie privée sur TikTok ont suscité des appels accrus en faveur du renforcement des politiques de confidentialité, de la mise en place de contrôles plus rigoureux sur la collecte et l'utilisation des données, ainsi que de l'augmentation de la sensibilisation des utilisateurs aux implications de la publication de contenu personnel sur la plateforme. Les débats sur la manière dont les plateformes de médias sociaux gèrent les données personnelles et protègent la vie privée des utilisateurs continuent de susciter l'attention des autorités réglementaires et des utilisateurs eux-mêmes. La gestion responsable des données personnelles reste une priorité essentielle pour garantir une expérience utilisateur sécurisée et respectueuse de la vie privée.

7.2.2   La raison de la collecte des données

La collecte de données par TikTok est motivée par plusieurs objectifs stratégiques. Tout d'abord, ces données sont essentielles pour personnaliser l'expérience de chaque utilisateur sur la plateforme. En analysant les informations telles que les préférences de contenu, les habitudes de visionnage et les interactions, TikTok peut proposer un flux de vidéos spécifiquement adapté à chaque utilisateur. Cette personnalisation vise à accroître l'engagement de l'utilisateur en lui offrant un contenu qui correspond à ses intérêts et à ses goûts.

Un autre objectif majeur de la collecte de données est l'amélioration continue de l'algorithme de recommandation de TikTok. En comprenant les comportements et les préférences des utilisateurs, la plateforme cherche à affiner son algorithme pour fournir des recommandations toujours plus pertinentes et attractives. Cette optimisation vise à maintenir l'attention des utilisateurs en leur offrant une expérience de visionnage enrichissante.

En outre, TikTok exploite les données collectées à des fins publicitaires. Les informations démographiques et les préférences de contenu des utilisateurs sont utilisées pour cibler les publicités de manière plus précise. En permettant aux annonceurs d'atteindre leur public cible de manière plus efficace, TikTok maximise la pertinence des annonces diffusées sur la plateforme, créant ainsi une expérience publicitaire plus personnalisée pour les utilisateurs.

Cependant, bien que ces objectifs puissent améliorer l'expérience utilisateur et soutenir le modèle économique de la publicité, ils soulèvent également des préoccupations importantes en matière de vie privée. La nécessité de trouver un équilibre entre la personnalisation de l'expérience utilisateur et la protection des données personnelles demeure au cœur des débats sur la confidentialité des utilisateurs sur TikTok.

La collecte de données par TikTok soulève des préoccupations légitimes en matière de vie privée. Les utilisateurs peuvent se demander comment leurs données sont utilisées, stockées et partagées par la plateforme. De plus, il y a également ment des inquiétudes concernant la sécurité des données, car toute violation de la sécurité pourrait entraîner la divulgation non autorisée des informations personnelles des utilisateurs.

Une autre préoccupation concerne le partage des données avec des tiers. TikTok a été critiqué pour ses liens présumés avec le gouvernement chinois, ce qui a suscité des inquiétudes quant à la possibilité que les données des utilisateurs soient accessibles aux autorités chinoises. Bien que TikTok ait nié ces allégations et affirmé que les données des utilisateurs sont stockées en dehors de la Chine, ces préoccupations persistent.

7.2.3 Les conseils pour protéger sa vie privée sur TikTok

Pour protéger sa vie privée sur TikTok, il est recommandé aux utilisateurs de prendre certaines précautions. Tout d'abord, il est important de vérifier et de comprendre les paramètres de confidentialité de son compte TikTok. Il est conseillé de limiter la quantité d'informations personnelles partagées sur la plateforme et de ne pas divulguer d'informations sensibles.

De plus, il est recommandé de faire preuve de prudence lors de l'interaction avec d'autres utilisateurs sur TikTok. Il est important de ne pas partager d'informations personnelles sensibles avec des inconnus et de signaler tout comportement suspect ou abusif à l'équipe de modération de TikTok.

Enfin, il est conseillé de garder à l'esprit que même avec les mesures de protection en place, aucune plateforme en ligne n'est totalement à l'abri des risques pour la vie privée. Il est donc important d'être conscient des informations que l'on partage et de prendre des mesures supplémentaires pour protéger sa vie privée en ligne.

7.3   Les risques pour la vie privée des utilisateurs

7.3.1   Les risques pour la vie privée des utilisateurs

TikTok collecte une vaste quantité de données personnelles de ses utilisateurs. Cela inclut des informations telles que les préférences de contenu, les interactions avec d'autres utilisateurs, les données de localisation, les informations de profil, et même des données biométriques telles que les empreintes faciales. Cette collecte extensive de données crée des préoccupations quant à la confidentialité des utilisateurs.

L'application TikTok utilise la géolocalisation pour personnaliser le contenu en fonction de la localisation de l'utilisateur. Cependant, cela expose les utilisateurs au risque de surveillance constante de leurs déplacements. Des informations précises sur la localisation peuvent être sensibles et potentiellement exploitées à des fins malveillantes.

TikTok partage des données utilisateur avec des tiers, y compris des partenaires commerciaux et des annonceurs. Ce partage d'informations peut entraîner une perte de contrôle sur la manière dont les données sont utilisées et pourrait conduire à des publicités ciblées intrusives.

En raison de la nature interactive de TikTok, les utilisateurs, en particulier les mineurs, peuvent être exposés à des prédateurs en ligne. Les informations personnelles partagées sur la plateforme pourraient être utilisées de manière inappropriée, mettant ainsi en danger la sécurité des utilisateurs, en particulier des jeunes.

TikTok utilise des technologies de reconnaissance faciale pour des fonctionnalités telles que les filtres et les effets. Cependant, la collecte et le stockage de données biométriques soulèvent des inquiétudes majeures en matière de vie privée, car elles pourraient être utilisées à mauvais escient ou potentiellement compromises en cas de violation de données.

Certains utilisateurs et experts critiquent TikTok pour son manque de transparence dans ses pratiques de confidentialité. Les politiques de confidentialité peuvent être complexes et difficiles à comprendre pour le grand public, ce qui peut conduire à un consentement involontaire de la part des utilisateurs.

En conclusion, bien que TikTok soit une plateforme de médias sociaux divertissante, les utilisateurs doivent être conscients des risques potentiels pour leur vie privée et prendre des mesures pour protéger leurs informations personnelles lorsqu'ils utilisent l'application.

7.3.2   Collecte excessive et Partage avec des tiers

La collecte excessive de données par TikTok, allant des informations de base telles que le nom et l'adresse e-mail aux données plus sensibles comme la localisation géographique et les habitudes de navigation, suscite des préoccupations légitimes quant à la protection de la vie privée des utilisateurs. La quantité étendue de données collectées soulève des questions sur la nécessité réelle de ces informations pour la fonctionnalité de la plateforme et sur la transparence entourant cette collecte.

Une préoccupation majeure associée à cette collecte excessive concerne le partage des données des utilisateurs avec des tiers, tels que les annonceurs et les partenaires commerciaux. Cette pratique soulève des inquiétudes quant à la confidentialité des données et à la protection des informations personnelles des utilisateurs. Les tiers ayant accès à ces données peuvent les utiliser pour cibler les utilisateurs avec des publicités personnalisées, et potentiellement pour d'autres activités de marketing. Cela soulève des questions sur le contrôle que les utilisateurs ont sur l'utilisation de leurs informations personnelles et sur la manière dont ces données sont sécurisées contre les accès non autorisés.

Les utilisateurs de TikTok sont de plus en plus sensibilisés aux enjeux de la collecte excessive de données et du partage avec des tiers. Les appels à une plus grande transparence de la part de TikTok concernant ses pratiques de collecte et de partage de données sont de plus en plus fréquents, et les régulateurs expriment également des préoccupations quant à la conformité avec les normes de protection de la vie privée.

Dans ce contexte, la nécessité de réglementations plus strictes en matière de protection de la vie privée et de politiques plus transparentes de la part des plateformes de médias sociaux est devenue une question cruciale. Il est impératif de trouver un équilibre entre l'innovation technologique et la protection des droits à la vie privée des utilisateurs pour assurer une utilisation responsable des données personnelles sur TikTok et d'autres plateformes similaires.

7.3.3   Risques de sécurité des données

La collecte et le stockage massif de données personnelles sur TikTok accroissent incontestablement les risques de sécurité des données. La concentration de telles quantités d'informations personnelles crée une cible attractive pour les pirates informatiques, qui pourraient chercher à s'introduire dans les systèmes de TikTok pour accéder aux données des utilisateurs.

Les risques potentiels associés à ces atteintes à la sécurité incluent le vol d'identité, la fraude, le détournement de comptes et d'autres formes d'abus. Les informations personnelles sensibles telles que les noms, adresses e-mail, localisations géographiques et habitudes de visionnage peuvent être exploitées à des fins malveillantes si elles tombent entre de mauvaises mains.

Afin de protéger la vie privée et la sécurité de ses utilisateurs, il est impératif que TikTok mette en place des mesures de sécurité robustes. Cela englobe des pratiques telles que le cryptage des données, la mise en œuvre de protocoles de sécurité avancés, la surveillance constante des activités suspectes et des audits réguliers de sécurité. En outre, la sensibilisation des utilisateurs à l'importance de la sécurité en ligne et à l'adoption de bonnes pratiques en matière de protection des données est également cruciale.

Dans un paysage numérique de plus en plus complexe, la sécurité des données est devenue une préoccupation majeure pour les utilisateurs, les régulateurs et les entreprises. TikTok, en tant que plateforme populaire avec une base d'utilisateurs importante, doit continuellement investir dans des technologies et des politiques de sécurité de pointe pour atténuer les risques potentiels et maintenir la confiance de ses utilisateurs.

7.3.4 TikTok et Big Data

L'ère de la Big Data ajoute une dimension supplémentaire aux enjeux de sécurité des données sur des plateformes telles que TikTok. Avec l'avènement de la Big Data, les entreprises sont en mesure de collecter, stocker et analyser des quantités massives de données à une échelle sans précédent. Cela signifie que les risques de sécurité des données sont amplifiés, car une violation de la sécurité peut potentiellement compromettre une grande quantité d'informations personnelles.

La collecte extensive de données sur TikTok dans le contexte de la Big Data soulève des questions sur la manière dont ces données sont gérées, stockées et protégées. Les pirates informatiques peuvent chercher à exploiter cette énorme réserve d'informations, mettant en lumière l'importance cruciale de mesures de sécurité robustes.

Dans cette ère de la Big Data, la protection des données devient un défi complexe nécessitant des efforts continus pour rester en phase avec les avancées technologiques et les menaces émergentes. Les entreprises, y compris TikTok, doivent non seulement se conformer aux réglementations en matière de protection de la vie privée, mais aussi rester à l'avant-garde des meilleures pratiques de sécurité des données pour garantir une protection adéquate dans ce paysage numérique en constante évolution. Cela inclut la mise en œuvre de technologies de pointe, la formation du personnel en matière de sécurité et l'engagement envers la transparence et la responsabilité en matière de protection des données.

7.3.5   Risques liés à la géolocalisation

Les risques liés à la géolocalisation sur TikTok découlent de l'utilisation de cette fonctionnalité pour fournir des services basés sur la localisation, tels que la découverte de vidéos populaires dans des zones spécifiques. Bien que cela puisse améliorer l'expérience utilisateur en offrant un contenu plus pertinent, cela soulève des préoccupations significatives en matière de confidentialité et de sécurité.

La collecte de données de géolocalisation expose les utilisateurs au risque que ces informations sensibles tombent entre de mauvaises mains. Si les données de localisation sont compromises, cela pourrait potentiellement permettre à des personnes malveillantes de suivre les mouvements des utilisateurs, mettant ainsi en danger leur sécurité personnelle. De plus, la divulgation non autorisée de données de géolocalisation peut compromettre la vie privée des utilisateurs, révélant des informations sensibles sur leurs habitudes de déplacement et leur routine quotidienne.

Pour atténuer ces risques, il est impératif que TikTok mette en place des mesures de sécurité strictes pour protéger les données de géolocalisation de ses utilisateurs. Cela comprend la sécurisation des serveurs où ces données sont stockées, l'utilisation de méthodes de cryptage robustes et la mise en œuvre de protocoles de sécurité avancés. De plus, une transparence accrue concernant la manière dont TikTok utilise et protège les données de géolocalisation est essentielle pour instaurer la confiance des utilisateurs et les informer sur la manière dont leurs informations sensibles sont gérées.

En résumé, bien que l'utilisation de la géolocalisation sur TikTok puisse améliorer certaines fonctionnalités, il est crucial que les risques potentiels liés à la confidentialité et à la sécurité des données de géolocalisation soient pris au sérieux et traités de manière proactive par la plateforme.

7.3.6   Risques de profilage et de surveillance

Les risques de profilage et de surveillance sur TikTok émergent de la collecte et de l'analyse approfondie des données des utilisateurs, permettant la création de profils détaillés pour une meilleure personnalisation du contenu et des publicités. Bien que cette pratique puisse améliorer l'efficacité des recommandations et des publicités, elle soulève des préoccupations significatives en matière de surveillance constante et de potentielles manipulations du comportement en ligne des utilisateurs.

La création de profils détaillés basés sur les données des utilisateurs peut conduire à une surveillance accrue de leurs activités en ligne. Les utilisateurs peuvent ressentir un niveau élevé d'intrusion dans leur vie privée, car la plateforme analyse en profondeur leurs préférences, habitudes de visionnage et interactions. Cette surveillance constante peut générer un sentiment de malaise et de méfiance parmi les utilisateurs, qui peuvent craindre que leurs actions en ligne soient observées de manière trop invasive.

De plus, le risque de manipulation du comportement en ligne est présent lorsque les algorithmes de TikTok utilisent ces profils détaillés pour influencer les choix et les préférences des utilisateurs. La personnalisation du contenu peut être conçue pour maximiser l'engagement, mais cela soulève des questions sur la neutralité de l'algorithme et sur la manière dont il peut potentiellement orienter les utilisateurs vers des contenus spécifiques, créant ainsi des bulles d'information ou des environnements en ligne étroitement ciblés.

Pour aborder ces préoccupations, TikTok doit être transparent sur la manière dont les profils sont créés et utilisés, fournissant aux utilisateurs un contrôle significatif sur la collecte et l'utilisation de leurs données. Des mécanismes clairs de consentement et des options de confidentialité robustes sont essentiels pour permettre aux utilisateurs de gérer leurs préférences et de maintenir un certain niveau de contrôle sur la manière dont leurs informations personnelles sont utilisées pour le profilage et la personnalisation du contenu.

7.3.7   Risques pour les utilisateurs mineurs

Les utilisateurs mineurs sont effectivement confrontés à des risques accrus en matière de vie privée sur TikTok, compte tenu de la popularité de la plateforme parmi les jeunes. Ces risques comprennent l'exposition potentielle à des contenus inappropriés, ainsi que la possibilité d'interactions avec des prédateurs en ligne. Protéger la vie privée des utilisateurs mineurs sur TikTok est une préoccupation majeure qui nécessite une attention particulière de la part des parents, des tuteurs et de la plateforme elle-même.

Les utilisateurs mineurs peuvent être exposés à des contenus inappropriés, tels que des vidéos, des commentaires ou des défis qui ne sont pas adaptés à leur âge. La nature virale et la rapidité avec laquelle les tendances se propagent sur TikTok peuvent accroître ce risque.

Les prédateurs en ligne peuvent utiliser des plateformes comme TikTok pour entrer en contact avec des mineurs. La facilité avec laquelle les utilisateurs peuvent interagir et partager du contenu crée un environnement propice à de telles situations.

Les données personnelles des utilisateurs mineurs, y compris leur comportement en ligne, peuvent être collectées par TikTok. Cela soulève des inquiétudes quant à la manière dont ces informations sont utilisées et partagées, ainsi qu'à la protection de la vie privée des mineurs.

Pour atténuer ces risques, plusieurs mesures peuvent être prises :

Les parents et les tuteurs doivent utiliser les paramètres de contrôle parental disponibles sur TikTok pour limiter l'accès à certaines fonctionnalités et surveiller l'activité en ligne de leurs enfants.

Les parents et les tuteurs doivent éduquer les jeunes utilisateurs sur les risques potentiels en ligne, y compris la nécessité de ne pas partager d'informations personnelles et de signaler tout comportement suspect.

Les parents et les tuteurs devraient examiner les politiques de confidentialité de TikTok pour comprendre comment les données des utilisateurs mineurs sont collectées, utilisées et protégées.

Encourager une communication ouverte entre les parents et les enfants est crucial. Les enfants doivent se sentir à l'aise de signaler tout comportement inapproprié ou toute expérience dérangeante en ligne.

En fin de compte, la protection de la vie privée des utilisateurs mineurs sur TikTok nécessite une approche collaborative impliquant les parents, les tuteurs, la plateforme et les autorités réglementaires pour créer un environnement en ligne plus sûr pour les jeunes utilisateurs.

7.3.8   Risques de fuite d'informations sensibles

Le risque de fuite d'informations sensibles sur TikTok constitue une préoccupation majeure en matière de sécurité des données. Si les systèmes de sécurité de la plateforme venaient à être compromis, les conséquences pourraient être graves, avec la possibilité que les données personnelles des utilisateurs soient exposées et utilisées à des fins malveillantes. Afin de prévenir de tels incidents, il est impératif que TikTok mette en œuvre des mesures de sécurité robustes.

Sécurité des systèmes : TikTok doit maintenir des protocoles de sécurité de pointe pour ses systèmes, y compris des pare-feu, des mesures de cryptage avancées et une surveillance constante des activités suspectes. Cela aide à prévenir les intrusions et à détecter rapidement toute activité malveillante.

Formation du personnel : Sensibiliser et former le personnel de TikTok sur les meilleures pratiques en matière de sécurité est essentiel. Les erreurs humaines peuvent parfois être une porte d'entrée pour les cyberattaques, il est donc crucial que le personnel soit conscient des risques et des mesures de sécurité à suivre.

Audit de sécurité : Des audits de sécurité réguliers doivent être effectués pour évaluer l'efficacité des mesures de sécurité en place. Cela permet d'identifier les vulnérabilités potentielles et de prendre des mesures correctives avant qu'elles ne soient exploitées.

Communication transparente : En cas de violation de la sécurité, une communication transparente avec les utilisateurs est cruciale. Informer rapidement les utilisateurs concernés, détailler les mesures prises pour remédier à la situation et offrir un soutien sont des éléments essentiels pour maintenir la confiance des utilisateurs.

Respect des normes de sécurité : TikTok devrait se conformer aux normes et réglementations de sécurité des données établies. Cela inclut le respect des lois de protection des données et des réglementations spécifiques à chaque juridiction.

En conclusion, l'utilisation de TikTok comporte des risques pour la vie privée des utilisateurs. La collecte excessive de données, le partage avec des tiers, les risques de sécurité, la géolocalisation, le profilage et la surveillance, les risques pour les utilisateurs mineurs et les fuites d'informations sensibles sont autant de préoccupations qui doivent être prises en compte. Il est essentiel que TikTok prenne des mesures pour protéger la vie privée de ses utilisateurs et que les utilisateurs eux-mêmes soient conscients de ces risques et prennent des mesures pour se protéger.

7.4   Les mesures de protection de la vie privée sur TikTok

TikTok est devenu une plateforme sociale extrêmement populaire, attirant des millions d'utilisateurs du monde entier. Cependant, avec cette popularité croissante, des préoccupations ont été soulevées quant à la protection de la vie privée des utilisateurs sur TikTok. Dans cette section, nous examinerons les mesures de protection de la vie privée mises en place par TikTok pour assurer la sécurité de ses utilisateurs.

7.4.1   Politique de confidentialité

TikTok a élaboré une politique de confidentialité exhaustive dans le but d'informer les utilisateurs sur la manière dont leurs données personnelles sont collectées, utilisées et partagées. Cette politique offre une transparence quant aux types de données recueillies, incluant les informations de profil, les vidéos téléchargées, les interactions avec d'autres utilisateurs, ainsi que les données de localisation. Un engagement clair est formulé par TikTok, stipulant qu'il ne vendra pas les données personnelles des utilisateurs à des tiers sans obtenir au préalable leur consentement. Cette démarche vise à établir une

relation de confiance avec les utilisateurs en définissant clairement les pratiques de gestion des données de la plateforme.

TikTok accorde aux utilisateurs un certain niveau de contrôle
sur leurs paramètres de confidentialité, renforçant ainsi leur capacité à personnaliser leur expérience sur la plateforme. Une
de ces options consiste à rendre le compte privé, ce qui restreint
l'accès aux vidéos aux seuls abonnés approuvés par l'utilisateur. Cette fonctionnalité offre une couche supplémentaire de
confidentialité en permettant aux utilisateurs de restreindre la
visualisation de leur contenu à un public sélectionné.

De manière similaire, TikTok offre des paramètres de contrôle
sur les interactions sociales. Les utilisateurs ont la possibilité
de gérer qui peut commenter leurs vidéos et qui peut leur en-
voyer des messages. Ces contrôles offrent une gestion proactive
de l'engagement social, permettant aux utilisateurs de définir
des limites et de personnaliser leur expérience de manière plus
granulaire.

Dans le but de protéger les utilisateurs contre les contenus
inappropriés ou offensants, TikTok propose des options de filtrage. Les utilisateurs peuvent filtrer les commentaires et les
messages en fonction de mots-clés spécifiques, renforçant ainsi
la capacité des utilisateurs à modérer l'interaction avec leur
contenu. Cette fonctionnalité contribue à créer un environnement plus sûr et plus personnalisé pour chaque utilisateur.

En outre, TikTok a mis en place un système de signalement qui permet aux utilisateurs de signaler tout contenu ou
comportement inapproprié. L'équipe de modération de Tik-
Tok examine ces signalements et prend les mesures appropriées
pour assurer la conformité aux directives de la communauté.

Cette approche proactive de la modération contribue à maintenir un environnement en ligne sûr et respectueux pour l'ensemble de la communauté TikTok.

En combinant des fonctionnalités de contrôle personnel avec des outils de filtrage et de signalement, TikTok cherche à autonomiser les utilisateurs en matière de confidentialité et de sécurité, tout en favorisant une expérience positive et respectueuse sur sa plateforme.

7.4.2   Protection des données des utilisateurs

TikTok accorde une importance primordiale à la protection des données des utilisateurs et a mis en place des mesures de sécurité robustes à cet effet. La plateforme utilise des technologies de sécurité avancées pour prévenir les accès non autorisés, les pertes de données ou les vols d'informations personnelles des utilisateurs. Un élément clé de cette stratégie de sécurité est l'utilisation du chiffrement pour sécuriser les données lors de leur transmission, renforçant ainsi la confidentialité des informations échangées pendant l'utilisation de la plateforme.

Par ailleurs, TikTok prend des précautions spécifiques en matière de stockage des données des utilisateurs. Ces données sont conservées sur des serveurs sécurisés, garantissant un niveau élevé de protection contre les menaces potentielles. En suivant des protocoles stricts de gestion des données, TikTok démontre son engagement envers la sécurité des informations confidentielles de ses utilisateurs.

L'engagement de TikTok envers la protection des données va au-delà des pratiques standard, car la plateforme s'engage à respecter les normes de sécurité les plus élevées. En adhérant à ces normes, TikTok vise à instaurer la confiance des utilisateurs en garantissant un environnement en ligne sécurisé et fiable.

En résumé, TikTok s'efforce activement de mettre en œuvre des mesures de sécurité avancées, telles que le chiffrement des données en transit et le stockage sur des serveurs sécurisés, pour assurer une protection optimale des données personnelles de ses utilisateurs. Ces pratiques démontrent l'engagement continu de TikTok envers la sécurité et la confidentialité des informations de sa communauté d'utilisateurs.

7.4.3   Sensibilisation à la sécurité en ligne

TikTok démontre un engagement fort envers la sensibilisation à la sécurité en ligne en fournissant aux utilisateurs des ressources éducatives et des conseils pertinents. Ces efforts visent à informer les utilisateurs sur les meilleures pratiques en matière de sécurité et à encourager des comportements responsables au sein de la communauté TikTok.

La plateforme offre des ressources complètes sur la sécurité en ligne, couvrant des sujets tels que la protection de la vie privée et la gestion des paramètres de confidentialité. Ces informations visent à éduquer les utilisateurs sur la manière de sécuriser leurs comptes, de contrôler l'accès à leur contenu, et de préserver leur vie privée tout en profitant de l'expérience TikTok.

Un aspect essentiel de cette sensibilisation est la prévention de la cyberintimidation. TikTok fournit des conseils et des lignes directrices pour aider les utilisateurs à reconnaître, prévenir et signaler la cyberintimidation. En encourageant une culture de respect et de bienveillance, TikTok aspire à créer un environnement en ligne où les utilisateurs se sentent en sécurité et respectés.

Parallèlement, TikTok encourage activement les utilisateurs à signaler tout comportement suspect ou inapproprié. Cette fonction de signalement est un mécanisme essentiel qui permet à la communauté TikTok de collaborer à la préservation d'un environnement sûr en signalant les violations des directives de la communauté. L'équipe de modération de TikTok examine ensuite ces signalements et prend des mesures appropriées.

7.4.4   Collaboration avec les autorités compétentes

TikTok démontre un engagement fort en matière de collaboration avec les autorités compétentes afin de lutter contre les activités illégales ou nuisibles sur sa plateforme. La coopération étroite avec les forces de l'ordre permet d'adresser des problématiques sérieuses telles que le harcèlement, la cyberintimidation, ou l'exploitation des enfants.

La plateforme prend des mesures proactives en travaillant en étroite collaboration avec les forces de l'ordre pour enquêter sur les cas signalés, assurant ainsi une réponse rapide et efficace aux situations préoccupantes. Cette collaboration renforce l'efficacité des efforts pour garantir un environnement en ligne sécurisé pour tous les utilisateurs.

Parallèlement, TikTok met en place des mesures de prévention pour empêcher la diffusion de contenus illégaux ou inappropriés. Cela inclut la lutte contre la propagation de contenus violents, pornographiques, haineux, ou tout autre contenu en violation des politiques de la communauté de TikTok. Ces actions préventives contribuent à maintenir une plateforme respectueuse des lois et des normes éthiques.

En somme, la collaboration de TikTok avec les autorités compétentes illustre son engagement envers la sécurité et la légalité sur sa plateforme. La plateforme agit de manière proactive pour enquêter sur les infractions signalées, et elle prend des mesures préventives pour empêcher la diffusion de contenus violant ses directives communautaires. Cette approche globale renforce la confiance des utilisateurs envers TikTok en tant que plateforme socialement responsable.

En conclusion, TikTok met en place plusieurs mesures de protection de la vie privée pour assurer la sécurité de ses utilisateurs. Ces mesures comprennent une politique de confidentialité détaillée, des options de contrôle des paramètres de confidentialité, des fonctionnalités de filtrage et de signalement, ainsi que des mesures de protection des données des utilisateurs. TikTok s'engage également à sensibiliser les utilisateurs à la sécurité en ligne et à collaborer avec les autorités compétentes pour lutter contre les activités illégales. La plateforme continue d'améliorer ses mesures de protection de la vie privée pour garantir une expérience sûre et sécurisée à ses utilisateurs.

Chapitre 8

L'avenir de TikTok

Ce chapitre plonge dans les évolutions technologiques de TikTok, explorant comment l'intelligence artificielle, la réalité augmentée, virtuelle et mixte façonneront l'avenir de la plate-forme. Les sections détaillées abordent également les perspectives d'utilisation de TikTok dans des domaines tels que les industries créatives, l'éducation, l'activisme social, et l'innovation technologique.

Nous examinerons les défis futurs qui pourraient influencer la trajectoire de TikTok, y compris la réglementation et la sécurité des utilisateurs, la concurrence croissante, la responsabilité sociale, la désinformation, l'expansion internationale, et la diversité culturelle.

Enfin, nous explorerons les alternatives émergentes à TikTok, telles que Triller, Instagram Reels, Dubsmash, Byte, YouTube Shorts, et d'autres applications, pour comprendre comment elles pourraient façonner le paysage des médias sociaux à l'avenir. Ce chapitre offre une vision complète de ce à quoi pourrait ressembler le futur de TikTok et de son impact sur la société.

8.1 Les évolutions technologiques de TikTok

TikTok est une application qui a connu une croissance fulgurante depuis son lancement en 2016. Avec plus de 2 milliards de téléchargements dans le monde, TikTok a réussi à se positionner comme l'une des plateformes de médias sociaux les plus populaires. Cette popularité est en grande partie due aux évolutions technologiques constantes de l'application.

8.1.1 L'intelligence artificielle au service de TikTok

L'intelligence artificielle (IA) constitue une avancée technologique majeure au cœur de l'écosystème de TikTok. Son rôle prépondérant se manifeste principalement à travers l'algorithme de recommandation de la plateforme, une fonctionnalité clé qui personnalise l'expérience de chaque utilisateur en lui proposant du contenu adapté à ses préférences.

L'algorithme alimenté par l'IA de TikTok analyse de manière sophistiquée les comportements et les préférences des utilisateurs. Cette capacité permet à la plateforme de comprendre les centres d'intérêt spécifiques de chaque utilisateur, facilitant ainsi la recommandation de vidéos pertinentes. Cette personnalisation accrue contribue à maintenir l'engagement des utilisateurs en les exposant à un flux de contenu adapté à leurs goûts individuels.

Outre la recommandation de contenu, l'IA de TikTok est également exploitée pour améliorer la qualité visuelle des vidéos partagées sur la plateforme. Elle offre des fonctionnalités telles que la stabilisation d'image, l'ajustement automatique de la luminosité et des couleurs, ainsi que la suppression des bruits de fond indésirables. Ces capacités automatisées offrent aux utilisateurs des outils puissants pour optimiser la qualité de leurs créations, renforçant ainsi l'attrait global de TikTok en tant que plateforme de partage de vidéos.

En conclusion, l'intelligence artificielle est un pilier central de l'expérience utilisateur sur TikTok, façonnant la recommandation de contenu personnalisé et contribuant à l'amélioration visuelle des vidéos. Ces applications de l'IA démontrent l'engagement de TikTok à exploiter les dernières avancées technologiques pour offrir une expérience utilisateur innovante et enrichissante.

8.1.2 Les filtres et les effets spéciaux

TikTok enrichit l'expérience de création de contenu grâce à une vaste sélection de filtres et d'effets spéciaux, offrant aux utilisateurs des outils sophistiqués pour personnaliser leurs vidéos de manière innovante. Ces fonctionnalités ont évolué pour devenir de plus en plus avancées, permettant aux utilisateurs de transformer leur apparence, de jouer avec des illusions visuelles, et d'intégrer des éléments virtuels à leurs vidéos.

L'essor de ces filtres et effets spéciaux est étroitement lié aux progrès technologiques dans les domaines de la réalité augmentée (RA) et de la réalité virtuelle (RV). Ces avancées technologiques permettent l'incrustation d'éléments virtuels en temps réel dans les vidéos, ouvrant ainsi la porte à une créativité sans limites. Les utilisateurs peuvent ainsi donner libre cours à leur imagination, créant des vidéos visuellement captivantes et immersives.

La variété des filtres et des effets spéciaux disponibles sur TikTok reflète l'engagement de la plateforme à offrir une expérience de création de contenu dynamique. Ces fonctionnalités ajoutent une dimension artistique aux vidéos, permettant aux utilisateurs de repousser les limites de leur créativité tout en contribuant à la diversité et à l'originalité du contenu sur la plateforme.

8.1.3 La réalité augmentée et les filtres interactifs

TikTok enrichit l'expérience de création de contenu grâce à une vaste sélection de filtres et d'effets spéciaux, offrant aux utilisateurs des outils sophistiqués pour personnaliser leurs vidéos de manière innovante. Ces fonctionnalités ont évolué pour devenir de plus en plus avancées, permettant aux utilisateurs de transformer leur apparence, de jouer avec des illusions visuelles, et d'intégrer des éléments virtuels à leurs vidéos.

L'essor de ces filtres et effets spéciaux est étroitement lié aux progrès technologiques dans les domaines de la réalité augmentée (RA) et de la réalité virtuelle (RV). Ces avancées technologiques permettent l'incrustation d'éléments virtuels en temps réel dans les vidéos, ouvrant ainsi la porte à une créativité sans limites. Les utilisateurs peuvent ainsi donner libre cours à leur imagination, créant des vidéos visuellement captivantes et immersives.

La variété des filtres et des effets spéciaux disponibles sur TikTok reflète l'engagement de la plateforme à offrir une expérience de création de contenu dynamique. Ces fonctionnalités ajoutent une dimension artistique aux vidéos, permettant aux utilisateurs de repousser les limites de leur créativité tout en contribuant à la diversité et à l'originalité du contenu sur la plateforme.

8.1.4 La réalité virtuelle et les vidéos à 360 degrés

La réalité virtuelle (RV) est une technologie qui plonge les utilisateurs dans des environnements virtuels immersifs. Bien que TikTok ne soit pas une plateforme de réalité virtuelle à part entière, elle intègre de plus en plus de vidéos à 360 degrés pour offrir une expérience immersive aux utilisateurs.

Les vidéos à 360 degrés permettent aux utilisateurs de contrôler leur perspective dans la vidéo en utilisant leur téléphone ou leur souris d'ordinateur. Cette fonctionnalité donne aux créateurs de contenu la possibilité de proposer des expériences visuelles interactives et immersives. Les utilisateurs peuvent explorer différents angles et perspectives, ajoutant ainsi une dimension nouvelle et captivante à la manière dont ils consomment le contenu sur TikTok.

8.1.5 La réalité mixte et les effets de transition

La réalité mixte [1] (RM) est une combinaison de la réalité augmentée et de la réalité virtuelle. TikTok explore de plus en plus les possibilités offertes par la réalité mixte en proposant des effets de transition innovants. Ces effets permettent de créer des vidéos où les utilisateurs peuvent se transformer en différents personnages ou objets en utilisant des gestes spécifiques.

L'intégration d'effets tels que "Transformez-vous en super-héros", "Devenez un animal" et "Entrez dans un monde virtuel" sur TikTok enrichit l'expérience des utilisateurs en introduisant des éléments de réalité mixte. Ces fonctionnalités permettent aux utilisateurs d'explorer leur créativité de manière ludique en offrant des transformations instantanées et immersives.

"Transformez-vous en super-héros" : Cette fonctionnalité offre aux utilisateurs la possibilité de vivre leur fantasme de devenir un super-héros. En effectuant un geste spécifique, les utilisateurs peuvent transformer leur apparence en celle de leur super-héros préféré. Cela ajoute une dimension de jeu et d'identification personnelle, renforçant l'engagement des utilisateurs avec la plateforme.

---

1. TikTok propose une variété d'effets de transition en RM. Voici quelques exemples :L'effet "Transformez-vous en super-héros" permet aux utilisateurs de se transformer en leur super-héros préféré en faisant un geste spécifique. L'effet "Devenez un animal" permet aux utilisateurs de se transformer en leur animal préféré en faisant un geste spécifique. L'effet "Entrez dans un monde virtuel" permet aux utilisateurs de plonger dans un monde virtuel entièrement artificiel en faisant un geste spécifique.

"Devenez un animal" : Cette fonctionnalité permet aux utilisateurs de se métamorphoser en leur animal préféré d'une manière amusante. En utilisant des gestes spécifiques, les utilisateurs peuvent créer des vidéos divertissantes et mignonnes, favorisant la viralité du contenu. Cela encourage la diversité des créations et renforce la communauté TikTok en permettant aux utilisateurs de partager leurs préférences animales de manière imaginative.

"Entrez dans un monde virtuel" : Cette fonctionnalité propose une immersion encore plus profonde en permettant aux utilisateurs de plonger dans un monde virtuel. En effectuant un geste spécifique, les utilisateurs peuvent créer des vidéos où ils semblent évoluer dans un environnement totalement artificiel. Cela amplifie le potentiel créatif en offrant une expérience visuelle captivante et en stimulant l'innovation dans la manière dont les utilisateurs conçoivent leur contenu.

Bien que ces effets contribuent à l'aspect divertissant et novateur de TikTok, certaines critiques peuvent être soulevées :

Ces effets, bien que divertissants, peuvent encourager une approche superficielle de la création de contenu. La focalisation sur des transformations rapides peut parfois minimiser la profondeur ou la signification des vidéos créées.

L'accent sur les effets spéciaux peut potentiellement conduire à une dépendance, où la qualité d'une vidéo est mesurée davantage par les effets utilisés que par le contenu lui-même. Cela pourrait influencer négativement la créativité authentique des utilisateurs.

Avec la popularité croissante de ces effets, il existe un risque de saturation, où de nombreuses vidéos utilisent les mêmes fonctionnalités, entraînant éventuellement une lassitude chez les utilisateurs.

En conclusion, bien que ces effets enrichissent l'expérience sur TikTok, une utilisation équilibrée et créative est essentielle pour éviter une superficialité excessive et encourager une diversité continue dans le contenu généré par les utilisateurs.

8.2 Les perspectives d'utilisation de Tik-Tok

TikTok a connu une croissance fulgurante depuis son lancement en 2016. Avec des centaines de millions d'utilisateurs actifs dans le monde entier, cette plateforme de partage de vidéos a révolutionné la façon dont nous consommons et créons du contenu en ligne. Alors que TikTok continue de se développer et d'évoluer, quelles sont les perspectives d'utilisation de cette application populaire ?

8.2.1 L'influence sur les industries créatives

L'émergence de TikTok a indéniablement redéfini les dynamiques des industries créatives, offrant un nouveau terrain de jeu pour les artistes et les marques. Voici quelques aspects clés de son influence sur ces secteurs :

TikTok a créé une plateforme où la visibilité n'est pas exclusivement réservée aux artistes établis. Des talents émergents peuvent rapidement gagner en notoriété grâce à des vidéos virales, ce qui a été particulièrement bénéfique pour les musiciens, danseurs et créateurs de contenu.

La simplicité de l'outil de montage vidéo de TikTok permet aux artistes de créer du contenu de haute qualité avec des ressources minimales. Cela encourage la créativité sans barrières techniques, élargissant ainsi la diversité des expressions artistiques.

Certains artistes ont réussi à transformer leur popularité sur TikTok en opportunités professionnelles significatives, que ce soit par des contrats d'enregistrement, des collaborations ou des performances en direct. TikTok est devenu un vecteur essentiel pour le lancement de nouvelles carrières dans le secteur créatif.

Les marques ont adopté une approche plus authentique du marketing en collaborant avec des créateurs de contenu sur TikTok. Les campagnes publicitaires s'intègrent naturellement dans le flux de contenu, favorisant ainsi un engagement plus authentique avec le public.

Les entreprises reconnaissent la puissance des influenceurs sur TikTok. Les collaborations avec des créateurs de contenu influents permettent aux marques d'atteindre leur public de manière plus organique et de capitaliser sur la crédibilité des influenceur et les marques ont dû repenser leurs stratégies publicitaires pour s'adapter à l'esthétique et à la nature ludique de TikTok. Des campagnes créatives et originales sont devenues la norme pour capter l'attention d'une audience souvent habituée à des formes de publicité plus traditionnelles.

Cependant, certaines critiques soutiennent que la nature éphémère des vidéos sur TikTok peut limiter la création d'œuvres plus durables et réfléchies, favorisant plutôt le contenu instantané et souvent éphémère.

Avec la popularité croissante de TikTok, il existe un risque de commercialisation excessive, où le contenu devient dominé par des intérêts commerciaux plutôt que par la créativité pure.

8.2.2   L'éducation et l'apprentissage en ligne

TikTok n'est pas seulement une plateforme de divertissement, mais aussi un outil d'apprentissage. De nombreux utilisateurs partagent des tutoriels, des conseils et des astuces dans des domaines tels que la cuisine, la mode, la beauté, la musique et bien d'autres encore. Cette forme d'apprentissage informel a permis à de nombreuses personnes d'acquérir de nouvelles compétences et connaissances sans avoir à suivre des cours formels.

Dans le futur, TikTok pourrait être utilisé de manière plus formelle dans le domaine de l'éducation. Les enseignants pourraient créer du contenu éducatif court et engageant pour aider les élèves à apprendre de manière ludique. De plus, les universités et les établissements d'enseignement supérieur pourraient également utiliser TikTok pour promouvoir leurs programmes et attirer de nouveaux étudiants.

L'apprentissage visuel est favorisé sur TikTok, ce qui peut être particulièrement efficace pour retenir l'attention et faciliter la compréhension. Les courtes vidéos permettent une transmission rapide d'informations, engageant ainsi les apprenants de manière efficace.

Les enseignants peuvent exploiter la nature concise et visuelle de TikTok pour créer des contenus éducatifs courts et captivants. Cela peut être utilisé comme complément aux méthodes d'enseignement traditionnelles, offrant aux élèves une perspective différente et stimulante.

Les universités et les établissements d'enseignement supérieur peuvent utiliser TikTok comme outil de promotion. Des vidéos créatives peuvent donner un aperçu de la vie sur le campus, des programmes académiques et des événements, attirant ainsi l'attention des étudiants potentiels.

Malgré ses avantages, l'utilisation de TikTok dans l'éducation soulève des questions quant à la qualité et à la véracité de l'information partagée. L'évaluation de la crédibilité des contenus reste un défi, et il est important de promouvoir des normes éducatives élevées.

Étant donné que TikTok est une plateforme ouverte, il est crucial d'assurer la sécurité des utilisateurs, en particulier des apprenants plus jeunes. Des mesures de modération et des politiques claires sont nécessaires pour maintenir un environnement éducatif sûr.

8.2.3   L'activisme et la sensibilisation sociale

TikTok est devenu un espace pour l'activisme et la sensibilisation sociale. Les utilisateurs utilisent la plateforme pour partager des informations sur des problèmes sociaux et politiques, sensibiliser à des causes importantes et mobiliser les autres à agir. Des hashtags tels que BlackLivesMatter, ClimateChange et MeToo ont été largement utilisés sur TikTok pour amplifier les voix des activistes et encourager le changement.

TikTok offre une plateforme mondiale où les utilisateurs peuvent partager rapidement des informations et sensibiliser à des problèmes sociaux. Les hashtags populaires deviennent des outils puissants pour rassembler des communautés et amplifier les voix des activistes.

La nature créative et virale de TikTok permet de présenter des questions sociales de manière innovante et engageante. Les utilisateurs peuvent utiliser des formats créatifs tels que la danse, la comédie ou la musique pour attirer l'attention sur des problèmes sérieux.

TikTok peut servir de plateforme de mobilisation pour des causes sociales. Les organisations à but non lucratif peuvent utiliser la plateforme pour partager des appels à l'action, organiser des pétitions et mobiliser un soutien en faveur de leurs missions.

Les manifestations virtuelles et les campagnes de sensibilisation en ligne peuvent être organisées sur TikTok. Les utilisateurs peuvent participer à des défis, partager des témoignages et exprimer leur solidarité avec des mouvements sociaux, créant ainsi une communauté virtuelle engagée.

Les organisations à but non lucratif ont l'opportunité d'exploiter TikTok pour atteindre un public plus vaste. Des partenariats avec des influenceurs et la création de contenus créatifs peuvent accroître la visibilité des causes et inciter à l'action.

Bien que TikTok puisse être un outil puissant, il présente des défis en termes de modération du contenu. La propagation d'informations erronées ou de contenus inappropriés peut nuire à la crédibilité des campagnes sociales.

L'éducation des utilisateurs sur des questions sociales complexes reste importante. TikTok pourrait jouer un rôle dans la fourniture d'informations éducatives tout en encourageant des discussions constructives.

À l'avenir, TikTok pourrait jouer un rôle encore plus important dans la mobilisation sociale. Les organisations à but non lucratif et les activistes pourraient utiliser la plateforme pour atteindre un public plus large et susciter l'engagement autour de leurs causes. De plus, TikTok pourrait également être utilisé pour organiser des manifestations virtuelles et des campagnes de sensibilisation en ligne.

8.2.4   L'innovation technologique

TikTok a été à l'avant-garde de l'innovation technologique dans le domaine des médias sociaux. La plateforme a introduit des fonctionnalités telles que la réalité augmentée, les filtres interactifs et les effets spéciaux avancés, ce qui a permis aux utilisateurs de créer des vidéos encore plus créatives et engageantes. Cette tendance devrait se poursuivre, avec TikTok cherchant constamment à repousser les limites de la créativité et de l'innovation technologique.

De plus, TikTok pourrait également jouer un rôle dans le développement de nouvelles technologies telles que l'intelligence artificielle et la réalité virtuelle. Ces avancées pourraient permettre aux utilisateurs de créer des expériences encore plus immersives et interactives sur la plateforme.

En conclusion, les perspectives d'utilisation de TikTok sont vastes et variées. De l'influence sur les industries créatives à l'éducation en ligne, en passant par l'activisme et l'innovation technologique, TikTok continue de façonner notre société de manière significative. Alors que la plateforme continue de se développer, il sera intéressant de voir comment elle évoluera et quelles nouvelles opportunités elle offrira aux utilisateurs du monde entier.

8.3   Les défis futurs pour TikTok

TikTok a connu une croissance fulgurante depuis son lancement en 2016. Cette application attirant des millions d'utilisateurs de tous âges. Cependant, malgré son succès, TikTok est confronté à plusieurs défis qui pourraient façonner son avenir.

8.3.1   La réglementation et la sécurité des utilisateurs

L'un des principaux défis auxquels TikTok est confronté concerne la réglementation et la sécurité des utilisateurs. En raison de sa popularité croissante, TikTok est devenu une cible pour les régulateurs et les législateurs du monde entier. Des préoccupations ont été soulevées quant à la collecte et à l'utilisation des données personnelles des utilisateurs par l'application. Certains pays ont même interdit TikTok en raison de ces préoccupations.

Pour répondre aux préoccupations réglementaires et renforcer la confiance des utilisateurs, TikTok devrait intensifier ses efforts pour garantir une protection accrue de la vie privée. Cela peut impliquer une transparence accrue sur les pratiques de collecte de données et des options de confidentialité plus robustes.

En parallèle, TikTok doit continuellement améliorer ses

mécanismes de sécurité pour assurer la sécurité des utilisateurs. Cela pourrait inclure des outils de signalement plus efficaces, des filtres de contenu améliorés et une modération proactive pour lutter contre les contenus inappropriés ou dangereux.

Travailler en étroite collaboration avec les autorités réglementaires est essentiel. Une communication transparente et proactive peut contribuer à résoudre les préoccupations réglementaires et à établir des normes éthiques et de sécurité plus élevées.

Étant donné que TikTok opère à l'échelle mondiale, une stratégie de conformité globale est cruciale. Cela nécessite une adaptation aux normes et aux réglementations spécifiques de chaque pays tout en maintenant une approche cohérente en matière de protection de la vie privée.

L'éducation des utilisateurs sur la manière de protéger leur vie privée et de signaler tout comportement suspect est un aspect important. TikTok peut jouer un rôle actif dans la sensibilisation et la fourniture d'informations sur les paramètres de confidentialité.

En anticipant les problèmes potentiels et en mettant en place des plans de gestion de crise efficaces, TikTok peut atténuer les répercussions négatives des problèmes de sécurité et de réglementation.

Pour faire face à ces défis, TikTok devra renforcer ses mesures de protection de la vie privée et de sécurité des utilisateurs. Cela pourrait inclure la mise en place de politiques plus strictes en matière de collecte et d'utilisation des données, ainsi que des mécanismes de signalement et de suppression plus efficaces pour lutter contre les contenus inappropriés ou dangereux.

8.3.2   La concurrence et l'innovation

L'essor de TikTok a indéniablement marqué une transformation significative dans le paysage des médias sociaux, offrant une plateforme dynamique et créative pour l'expression individuelle. Le format de vidéos courtes, combiné à des fonctionnalités de montage conviviales, a permis à de nombreux utilisateurs de créer du contenu divertissant et viral, propulsant certains vers la célébrité en ligne. L'application a également été saluée pour sa capacité à démocratiser la créativité, permettant à des individus du monde entier de partager leurs talents et de se connecter à une audience mondiale.

Cependant, cette popularité massive n'est pas sans son lot de préoccupations et de critiques. La collecte de données personnelles par TikTok a suscité des inquiétudes majeures en matière de confidentialité. La plateforme rassemble une quantité substantielle d'informations sur ses utilisateurs, soulevant des questions sur la manière dont ces données sont utilisées, partagées et potentiellement exploitées. Les risques pour la vie privée, en particulier pour les utilisateurs mineurs, sont devenus un sujet de préoccupation croissant.

De plus, l'algorithme sophistiqué de TikTok, bien qu'il offre une personnalisation du contenu, soulève des questions sur la transparence et le contrôle des utilisateurs sur ce qui leur est présenté. Les préoccupations liées à la sécurité des données, au profilage, à la surveillance constante, et aux risques potentiels pour les utilisateurs sont autant d'aspects qui ont suscité des débats sur la responsabilité des plateformes de médias sociaux.

La concurrence accrue dans le domaine des applications de partage de vidéos met également en évidence la nécessité pour TikTok de maintenir son avantage compétitif. Bien que l'innovation soit essentielle, cela pose également le défi de garantir que les nouvelles fonctionnalités ne compromettent pas davantage la sécurité et la vie privée des utilisateurs.

TikTok a indéniablement redéfini la manière dont le contenu est créé, partagé et consommé en ligne. Cependant, il doit naviguer avec précaution à travers les préoccupations croissantes liées à la confidentialité et la concurrence féroce, tout en continuant d'innover de manière responsable pour maintenir sa position de leader sur le marché des médias sociaux.

8.3.3 La responsabilité sociale et la désinformation

L'un des défis majeurs auxquels TikTok est confronté concerne la responsabilité sociale et la gestion de la désinformation sur sa plateforme. Avec une communauté diversifiée partageant une variété de contenus, TikTok doit s'assurer que son espace en ligne ne devient pas un vecteur de désinformation ou de discours nocifs. La plateforme doit mettre en place des mécanismes de vérification des faits robustes pour contrer la propagation de fausses informations, contribuant ainsi à promouvoir un environnement informatif et fiable.

La responsabilité sociale de TikTok s'étend également à la modération du contenu. Renforcer les politiques de modération pour détecter et supprimer rapidement les contenus offensants ou dangereux est essentiel pour maintenir un environnement sûr et respectueux. Travailler en étroite collaboration avec des organismes de réglementation et des experts en médias permettra à TikTok de bénéficier de perspectives externes et d'appliquer des normes éthiques élevées dans ses pratiques de modération.

En s'engageant activement dans la lutte contre la désinformation et en promouvant une responsabilité sociale, TikTok peut contribuer de manière significative à la création d'un espace en ligne où les utilisateurs peuvent s'exprimer librement tout en maintenant l'intégrité de l'information et la sécurité de la communauté.

8.3.4 L'expansion internationale et la diversité culturelle

Alors que TikTok continue de se développer à l'échelle mondiale, il est confronté au défi de l'expansion internationale et de la diversité culturelle. Chaque pays a ses propres normes, valeurs et sensibilités culturelles, ce qui signifie que TikTok doit s'adapter à ces différences pour éviter les controverses et les malentendus.

Pour relever ce défi, TikTok devra investir dans la localisation de son contenu et de ses fonctionnalités pour s'adapter aux spécificités culturelles de chaque pays. Cela pourrait inclure la traduction des textes, l'adaptation des fonctionnalités en fonction des préférences locales et la promotion de créateurs de contenu locaux pour refléter la diversité culturelle de chaque région.

En conclusion, TikTok est confronté à plusieurs défis futurs qui pourraient façonner son avenir. La réglementation et la sécurité des utilisateurs, la concurrence et l'innovation, la responsabilité sociale et la désinformation, ainsi que l'expansion internationale et la diversité culturelle sont autant de défis auxquels TikTok devra faire face pour maintenir sa position de leader sur le marché des applications de partage de vidéos. En relevant ces défis avec succès, TikTok pourra continuer à évoluer et à influencer la société de manière positive.

8.4   Les alternatives à TikTok

Alors que TikTok continue de gagner en popularité et de devenir une plateforme incontournable pour les utilisateurs du monde entier, il est naturel de se demander s'il existe des alternatives à cette application. Bien que TikTok soit actuellement le leader du marché des applications de partage de vidéos courtes, il existe en effet plusieurs autres plateformes qui offrent des fonctionnalités similaires et qui pourraient potentiellement rivaliser avec TikTok à l'avenir.

8.4.1   Triller

L'émergence de Triller en tant qu'alternative majeure à TikTok offre une diversification dans le domaine des applications de partage de vidéos. Triller se positionne avec des fonctionnalités distinctes, notamment son montage automatique qui simplifie le processus de création de vidéos, offrant ainsi aux utilisateurs une expérience de montage rapide et professionnelle. L'accent mis sur les effets spéciaux, les filtres et la musique contribue à la création d'un contenu visuellement attrayant et engageant.

La caractéristique de collaboration de Triller, permettant aux utilisateurs de créer des vidéos en duo, ajoute une dimension sociale à l'expérience, favorisant la créativité collaborative. Cependant, pour que Triller puisse rivaliser efficacement avec TikTok, il devra continuer à innover, à élargir sa base d'utilisateurs et à répondre aux attentes changeantes de la communauté des créateurs. La concurrence croissante entre ces plateformes pourrait stimuler l'innovation et profiter aux utilisateurs en offrant un plus grand choix et des fonctionnalités améliorées.

8.4.2   Instagram Reels

Instagram Reels, en tant que fonctionnalité intégrée à la plateforme Instagram, s'inscrit dans la tendance des courtes vidéos virales popularisée par TikTok. Avec sa durée de vidéo maximale de 90 secondes, Instagram Reels offre aux utilisateurs une expérience de création de contenu similaire, mettant à disposition des outils de montage, des effets spéciaux et une vaste bibliothèque musicale.

L'avantage majeur d'Instagram Reels réside dans son intégration au sein de la plateforme Instagram, qui compte déjà une audience massive. Cela offre aux utilisateurs la possibilité de découvrir et de créer du contenu court sans avoir à migrer vers une nouvelle application. Toutefois, pour maintenir la compétitivité, Instagram Reels devra continuer à évoluer et à innover, tout en s'adaptant aux préférences changeantes des utilisateurs et en rivalisant avec d'autres applications similaires sur le marché. La concurrence croissante dans le domaine des vidéos courtes stimule l'innovation, bénéficiant ainsi aux créateurs de contenu et aux utilisateurs.

8.4.3   Dubsmash

Dubsmash se positionne comme une alternative à TikTok en offrant une expérience unique axée sur la synchronisation labiale. Cette application permet aux utilisateurs de créer des vidéos en harmonisant leurs mouvements de lèvres avec des extraits audio célèbres. Bien que Dubsmash n'ait pas atteint la même renommée que TikTok, son attrait réside dans son approche spécifique qui se concentre sur la créativité liée à la synchronisation labiale.

L'application a réussi à gagner en popularité en offrant une expérience de création de vidéos amusante et divertissante. Cependant, pour rester compétitive dans un paysage où les applications de partage de vidéos sont nombreuses, Dubsmash devra continuer à innover, à élargir ses fonctionnalités et à répondre aux évolutions des préférences des utilisateurs. L'accent mis sur la synchronisation labiale lui donne une identité distincte, mais la capacité à diversifier son contenu pourrait être un élément clé pour maintenir et attirer une audience fidèle.

8.4.4   Byte

Byte se positionne comme une application de partage de vidéos héritière de Vine, cherchant à capturer l'essence de la création de vidéos courtes et créatives. Avec une limite de 6 secondes par vidéo, Byte mise sur la simplicité de son format, rappelant l'approche qui a fait le succès de Vine.

L'engagement de Byte envers une communauté positive et créative constitue un élément distinctif, soulignant l'importance accordée à l'atmosphère collaborative et artistique au sein de la plateforme. Bien que Byte ne soit pas encore aussi répandu que TikTok, son potentiel réside dans la nostalgie de Vine et l'opportunité de s'imposer comme une alternative attrayante pour les créateurs de contenu cherchant une expérience plus concise et axée sur la créativité. La croissance future de Byte dépendra de sa capacité à élargir sa base d'utilisateurs et à maintenir une atmosphère positive au sein de sa communauté.

8.4.5   YouTube Shorts

YouTube Shorts, en tant que fonctionnalité émergente au sein de l'application YouTube, aspire à devenir une alternative significative à TikTok. S'appuyant sur la vaste base d'utilisateurs de YouTube, Shorts propose une expérience de création de vidéos de 15 secondes, mettant l'accent sur la concision et la créativité.

Cette fonctionnalité en phase de test vise à capitaliser sur la popularité croissante du format de vidéos courtes. En intégrant des outils de création, des effets spéciaux et une bibliothèque musicale, YouTube Shorts cherche à offrir aux créateurs de contenu une plateforme complète pour partager des vidéos attrayantes. L'évolution de YouTube Shorts dépendra de sa capacité à attirer les utilisateurs actifs sur YouTube tout en conquérant de nouveaux adeptes attirés par le format court et dynamique. La complémentarité avec la plateforme YouTube pourrait jouer un rôle déterminant dans son succès futur.

8.4.6   Les autres alternatives

En plus des alternatives évoquées précédemment, d'autres applications de partage de vidéos, telles que Likee, Vigo Video, Kwai et Snapchat Spotlight, émergent comme des prétendants potentiels dans la compétition avec TikTok. Ces plateformes partagent des similitudes dans leurs fonctionnalités, comprenant des outils de montage, des effets spéciaux et des bibliothèques musicales, dans l'objectif d'attirer les utilisateurs en proposant une expérience unique et divertissante.

Bien que TikTok conserve actuellement sa position dominante sur le marché des applications de partage de vidéos courtes, l'évolution de ces alternatives suscite l'intérêt. Leur capacité à rivaliser avec le géant chinois dépendra de leur capacité à innover, à attirer de nouveaux utilisateurs et à répondre aux besoins changeants du public. Alors que la compétition se poursuit, l'impact de TikTok sur le paysage des médias sociaux a clairement ouvert la voie à de nouvelles opportunités et à une explosion de créativité parmi les utilisateurs à travers le monde.

Chapitre 9

Conclusion

"La TikTokisation de la Société" offre une exploration approfondie de l'impact de TikTok sous divers angles, allant des aspects sociologiques aux implications politiques et économiques. En examinant les mécanismes de viralité, les conséquences psychologiques, les controverses politiques, les opportunités économiques, la créativité et les préoccupations liées à la vie privée, ce livre vise à fournir une compréhension holistique de l'écosystème TikTok.

Au fil des chapitres, nous avons plongé dans la manière dont TikTok influence la vie quotidienne des utilisateurs, redéfinit les normes créatives, façonne les opinions politiques, et sert de terrain fertile pour l'émergence de nouveaux talents et opportunités économiques. Nous avons également examiné de près les préoccupations croissantes liées à la confidentialité et à la sécurité des utilisateurs.

L'avenir de TikTok semble prometteur, avec des évolutions technologiques telles que l'intelligence artificielle et la réalité augmentée. Cependant, des défis subsistent, notamment la nécessité de réglementer et de garantir la sécurité des utilisateurs, de faire face à la concurrence, de relever des questions de responsabilité sociale, et de gérer la diversité culturelle à mesure que la plateforme s'étend à l'échelle mondiale.

En conclusion, "La TikTokisation de la Société" se veut une ressource complète pour ceux qui cherchent à comprendre non seulement l'influence actuelle de TikTok, mais aussi son potentiel à façonner l'avenir des médias sociaux et de la société dans son ensemble.

Bibliographie

[1] Johannes Ahlse, Felix Nilsson, and Nina Sandström. It's time to tiktok : Exploring generation z's motivations to participate in# challenges, 2020.

[2] Christina Bucknell Bossen and Rita Kottasz. Uses and gratifications sought by pre-adolescent and adolescent tiktok consumers. *Young consumers*, 21(4) :463–478, 2020.

[3] Bibb Latané. The psychology of social impact. *American psychologist*, 36(4) :343, 1981.

[4] D Montag Marengo, C Sindermann, C Elhai, and J Settanni. M.(2021).'examining the links between active facebook use, received likes, self-esteem and happiness : A study using objective social media data'. *Telematics and Informatics, https ://doi. org/10.1016/j. tele*, 2020.

[5] Davide Marengo, Christian Montag, et al. Digital phenotyping of big five personality via facebook data mining : a meta-analysis. *Digital Psychology*, 1(1) :52–64, 2020.

[6] Christian Montag, Haibo Yang, and Jon D Elhai. On the psychology of tiktok use : A first glimpse from empirical findings. *Frontiers in public health*, 9 :641673, 2021.

[7] Bahiyah Omar and Wang Dequan. Watch, share or create : The influence of personality traits and user motivation on tiktok mobile video usage. 2020.

[8] Richard M Ryan and Edward L Deci. Self-determination theory and the facilitation of intrinsic motivation, social development, and well-being. *American psychologist,* 55(1) :68, 2000.

[6] [5] [4] [1] [2]

Building a Bigger, Leaner Body

The Essentials of Effective Body Building You Can Do Safely

By: Andrew Jackson

9781635012392

PUBLISHERS NOTES

Disclaimer – Speedy Publishing LLC

This publication is intended to provide helpful and informative material. It is not intended to diagnose, treat, cure, or prevent any health problem or condition, nor is intended to replace the advice of a physician. No action should be taken solely on the contents of this book. Always consult your physician or qualified health-care professional on any matters regarding your health and before adopting any suggestions in this book or drawing inferences from it.

The author and publisher specifically disclaim all responsibility for any liability, loss or risk, personal or otherwise, which is incurred as a consequence, directly or indirectly, from the use or application of any contents of this book.

Any and all product names referenced within this book are the trademarks of their respective owners. None of these owners have sponsored, authorized, endorsed, or approved this book.

Always read all information provided by the manufacturers' product labels before using their products. The author and publisher are not responsible for claims made by manufacturers.

This book was originally printed before 2014. This is an adapted reprint by Speedy Publishing LLC with newly updated content designed to help readers with much more accurate and timely information and data.

Speedy Publishing LLC

40 E Main Street, Newark, Delaware, 19711

Contact Us: 1-888-248-4521

Website: http://www.speedypublishing.co

REPRINTED Paperback Edition: 9781635012392:

Manufactured in the United States of America